GW01605029

BUR
rizzoli

ISBN 978-88-17-06321-0

Prima edizione Rizzoli 2011
Prima edizione BUR 2013
Quarta edizione BUR gennaio 2014

Art Director: Francesca Leoneschi
Progetto grafico: Laura Dal Maso/TheWorldofDOT
Fotografie di pp. 15, 22, 31, 39, 48, 65, 72, 79, 85, 91, 96, 103, 110, 116, 123, 129, 149, 155, 160, 167, 178, 185, 191, 198, 203, 209, 220, 225, 231, 243, 248, 253, 263, 268, 273 © Benedetta Parodi
Fotografie di pp. 139, 144, 173 © Pigi Cipelli
Impaginazione: Grande forEdit – Monza

Si ringraziano: per i piatti Rosenthal; per le pentole Agnelli, TVS e Barazzoni; per gli abiti Pinko; per trucco e parrucco Francesca La Torre e Patrizia Gulinelli.

www.benedettaparodi.it

Finito di stampare nel gennaio 2014 presso
Grafica Veneta – via Malcanton, 2 – Trebaseleghe (PD)

BENEDETTA PARODI

I MENÙ DI BENEDETTA

BUR rizzoli

in collaborazione con LA7

SOMMARIO

A Fabio,
ingrediente fondamentale
della mia vita.

Ogni tanto Fabio mi guarda con uno sguardo indagatore e mi chiede: "Di' la verità, ti sei un po' stufata di cucinare?". Io rido e gli do sempre la stessa risposta: "No, anzi...". La verità, infatti, è che io ai fornelli sono davvero felice e questo nuovo libro è venuto fuori in un soffio. Pranzo dopo pranzo, festa dopo festa, ho voluto raccontare tutti i menù della mia vita. Da quelli casalinghi, agli affollatissimi Natali in famiglia, alle cene con gli amici fino a risalire alle cenette romantiche che ho condiviso con mio marito prima che arrivassero i bambini! Non solo... mi sono trasformata anche in una fotografa. Tutte le immagini di questo libro, infatti, sono state scattate da me, un minuto prima che la mia famiglia si avventasse sul piatto appena cucinato. Non è stato facile tenerli a bada mentre cercavo l'inquadratura migliore e la pasta si raffreddava... ma io ve lo confesso: non mi sono mai divertita tanto!

Benedetta

Ecco come si mangia a casa mia... a cena per lo meno! Il pranzo è sempre molto sbrigativo e spesso si risolve con un'insalata, ma la sera è tutta un'altra cosa. È il momento in cui sperimento i piatti che devo cucinare in tv, oppure è semplicemente l'occasione per viziare i bambini e mio marito. Lo ammetto: non sempre presento in tavola primo, secondo e dolce, sia per questioni di linea sia di tempo. Qui, però, mi sono divertita a elencare i menù più accurati e che hanno avuto più successo in famiglia e, dal momento che è proprio in famiglia che si trovano i miei critici più severi, state tranquilli: con questi andrete sul sicuro!

MENÙ DAL SAPORE DI CASA

MENÙ TRADIZIONALE MA CON CARATTERE

Questa è proprio la cenetta che uno vorrebbe gustare dopo una dura giornata di lavoro. Semplice, non troppo calorica ma molto golosa!

ORECCHIETTE AL CAVOLFIORE

Le orecchiette fresche sono talmente buone che stanno bene con qualsiasi condimento: la loro forma concava raccoglie il sugo come nessun'altra pasta. Condite con il cavolfiore, io le adoro. Oltretutto si tratta di un abbinamento leggero e per niente costoso. Se usate le cimette surgelate poi, eviterete l'unico inconveniente legato a questo piatto: la terribile puzza di cavolfiore bollito in giro per tutta la casa.

Per 4 persone: 300 g di orecchiette fresche • 450 g di cimette di cavolfiore (1 busta surgelata) • 3 spicchi d'aglio • 3 acciughe • 3 cucchiai di pangrattato • 2 cucchiai di grana • olio extravergine • sale e pepe

Sbucciare e schiacciare l'aglio, poi rosolarlo in padella assieme alle acciughe. Inclinare la padella in modo che il soffritto resti ben immerso. Una volta che l'aglio si è ammorbidito e le acciughe si sono sciolte, raddrizzare la padella, aggiungere il cavolfiore ancora surgelato, salare, pepare e cuocere con il coperchio fino a che le cimette non saranno ben tenere. Io le schiaccio un po' con la forchetta per rendere il sugo una specie di purea che si amalgama meglio con la pasta. Nel frattempo, in un padellino antiaderente scaldare il pangrattato sul fuoco e farlo abbrustolire (occhio che brucia in un lampo!). Lessare le orecchiette, scolarle, farle saltare in padella insieme al cavolfiore (se necessario aggiungere un po' di acqua di cottura conservata dalla pasta). Spolverizzare con il pangrattato abbrustolito e un po' di grana e portare a tavola.

POLLO ALLA BIRRA CON GINEPRO E ALLORO

Il pollo è il re della cucina casalinga. Certo, a volte può stufare un po', anche perché non ha un sapore molto deciso. La sfida è trovare sempre la maniera originale per cucinarlo, senza però snaturarlo completamente. Sfida raccolta... basta una lattina di birra!

Per 4-6 persone: 6 cosce e 3 sovracosce di pollo senza pelle • 2 lattine di birra • 1 cucchiaino di bacche di ginepro • 4 foglie di alloro • 2 cucchiai di farina • sale e pepe

In un tegame dai bordi alti, sistemare i pezzi di pollo in un unico strato in modo che non si sovrappongano. Distribuirvi sopra la farina, un po' di sale, pepe, l'alloro e il ginepro. Versare la birra, che deve ricoprire la carne interamente, e far cuocere per circa un'ora e mezza a fuoco medio. Tenere il coperchio per la prima mezz'ora, poi toglierlo in modo che il sugo evapori dolcemente. Se necessario rigirare ogni tanto la carne. Nel caso si asciugasse troppo velocemente rimettere il coperchio. Alla fine il pollo deve essere tenerissimo e la salsina chiara e cremosa.

MELE IN GABBIA

Questa ricetta arriva da una famosa pasticceria di Milano che l'inverno scorso mi ha ospitato durante uno speciale tele-

visivo sui "sognatori del gusto". Naturalmente in quel meraviglioso laboratorio la pasta sfoglia era fatta a mano, ma io vi assicuro che anche con quella già pronta e con qualche piccola scorciatoia che ho dovuto apportare alla ricetta, otterrete un risultato degno di un grande pasticcere.

Per 12 pezzi: 1 mela • 1 rotolo di pasta sfoglia rettangolare già stesa • 1 tuorlo d'uovo • marmellata di fragole • 5-6 biscotti secchi (tipo Digestive) • ½ bicchiere di latte • zucchero

Sbucciare la mela e tagliarla a spicchi, da dividere ancora a loro volta in 2-3 tocchetti. Porzionare la sfoglia in quadrati di circa 12 cm per lato (sono andata a prendere il righello nella cartella di Matilde!). Su ognuno distribuire un cucchiaino di marmellata, un po' di biscotto sbriciolato e un tocchetto di mela, poi chiudere in questa maniera: sigillare unendo 3 angoli in cima alla mela, mentre il quarto angolo va delicatamente tirato fino alla base del dolcetto in modo che lo avvolga quasi completamente. Sigillare bene i lati pizzicandoli con le dita in modo che il contenuto non fuoriesca. Sbattere il tuorlo con un po' di latte e spennellare le mele in gabbia, poi spolverizzare con lo zucchero. Cuocere in forno a 180° per circa 10 minuti.

MENÙ LEGGERO MA CON BRIO

È divertente ogni tanto movimentare la cena lasciando in panchina la classica pastasciutta. Con le bruschette fritte vi assicuro che non la rimpiangerete di

sicuro! Una fettina di pane al posto di una spaghettata è anche un buon compromesso per la linea.

BRUSCHETTE IN PADELLA

Questa ricetta arriva dritta dritta da un film delizioso... in tutti i sensi. Parlo di Julie & Julia, *la storia di 2 donne appassionate di cucina. La scena che mi ha ispirato mostra la protagonista che, mentre parla con il fidanzato, frigge in padella delle meravigliose fette di pane belle spesse fino a renderle abbrustolite e croccanti. Poi le mette nel piatto e le ricopre di pomodori maturi e ben conditi. Un'immagine golosissima che non sono riuscita a togliermi dalla testa finché non ho provato a fare anch'io queste bruschette. Buonissime. Mi raccomando: da servire appena fritte!*

Per 2 persone: **1 ciabatta morbida • 200 g di pomodorini ben maturi • olio extravergine • 2 spicchi d'aglio • 1 ciuffo di basilico • sale**

Tagliare i pomodorini a spicchi piccoli e condirli in una ciotola con olio, sale e basilico. Ricavare dalla ciabatta alcune fette spesse un dito (devono risultare belle alte) e strofinarle con mezzo spicchio d'aglio sbucciato. Mettere un po' d'olio in una padella e rosolare le fette di pane, proprio come fossero bistecche. Quando saranno abbrustolite su un lato, girarle, aggiungere un po' d'olio e farle dorare bene anche dall'altra parte. Disporle ancora calde in un piatto e ricoprirle con i pomodorini conditi.

ORATA AL CARTOCCIO

Con questa ricetta chiunque sarà in grado di cucinare il pesce perfettamente. I sapori rimangono sigillati all'interno del cartoccio, rendendo la polpa del pesce tenera e gustosissima. Per non parlare del vantaggio non indifferente di non sporcare per niente il forno e pochissimo la teglia! Tutto merito della mia mamma che, come ho già avuto modo di dire tante volte, in cucina è una vera maestra anche in fatto di praticità. Un inconveniente però c'è... e nemmeno la mia mamma ha potuto porvi rimedio: il pesce, una volta cotto, va diliscato prima di essere servito!

Per ogni orata da circa 250 g già eviscerata: 1 spicchio d'aglio • 1 fettina di limone • ½ cipolla rossa tagliata ad anelli • 1 cucchiaio di capperi • 1 cucchiaio di olive nere • 1 rametto di rosmarino • ½ bicchiere di vino bianco • 1 cucchiaino di pepe verde in grani • olio extravergine • sale

Sciacquare per bene l'orata. Sistemarla al centro di un grande foglio di carta stagnola. Rialzare un po' i bordi della carta in modo che poi il condimento non coli. Tagliare lo spicchio d'aglio e posizionarne metà nella pancia del pesce e metà sopra; completare con i capperi, le olive e la fettina di limone, da sistemare sempre un po' dentro la pancia e un po' sopra il pesce. Condire con il rosmarino, gli anelli di cipolla, il pepe verde, il sale, l'olio e il vino. Chiudere bene il cartoccio a mo' di caramella facendo attenzione che la stagnola non tocchi la pelle della parte superiore del pesce perché deve crearsi un po' di vapore. Cuocere in forno a 180° per 25 minuti. Portare a tavola il cartoccio ancora chiuso.

TORTA LAMPO CIOCCOLATO E PERE

"Ottenere il massimo risultato con il minimo sforzo" è uno dei motti che preferisco quando si parla di cucina e questa torta lo rappresenta in pieno. Infatti si fa con la pasta frolla, le pere e un preparato per budino. Se preferite, al posto della frolla potete anche usare la classica pasta sfoglia.

GARGANELLI CON ZUCCHINE, ZAFFERANO E BACON CROCCANTE P. 20

1 rotolo di pasta frolla già stesa • 3 pere • 1 busta di preparato per budino al cioccolato • 200 ml di panna fresca • 1 busta di gelatina per dolci (facoltativa)

Sulla tortiera rivestita di carta da forno stendere la pasta frolla, bucherellarla un po' con una forchetta e formare un bordino tutto intorno. Mescolare a freddo la panna con la busta di budino, controllando che il preparato in polvere sia già zuccherato, altrimenti aggiungere lo zucchero a seconda delle indicazioni. Sbucciare le pere, tagliarle a fettine e sistemarle a raggiera sulla torta, partendo dal centro fino a ricoprirla interamente. Versare sopra la crema ottenuta con la busta di budino e distribuirla sulle pere in maniera uniforme. Infornare a 180° per circa 30 minuti, più 5 con il calore solo sotto. Una volta che la torta si è raffreddata sciogliere la busta di gelatina nell'acqua e zucchero secondo le indicazioni della confezione e versarne una parte sulla torta per renderla più lucida e golosa. Lasciare riposare in frigorifero. Se si vuole che le pere siano più visibili, stendere prima la crema di cioccolato e distribuirvi sopra le fettine di pera.

MENÙ DA COWBOY

Questo è un menù che crea tanta allegria in famiglia, ma anche un grande odore di griglia per tutta la casa... piccoli particolari che nel Far West non hanno importanza!

BISTECCHE E PANNOCCHIE

La bistecca è un po' come l'uovo fritto. Alzi la mano chi non è capace di cucinarli. Eppure per fare bene sia l'una che l'altro ci vuole una certa perizia. In particolare questa preparazione ha il pregio di trasformare la classica bistecca (di per sé poco originale) in un piatto molto invitante e goloso. E mi raccomando: non dimenticate le pannocchie precotte, facili da cucinare ma fondamentali per dare un tocco in più al vostro menù.

Per 2 persone: 2 bistecche di roast beef alte almeno 1 cm • 2 pannocchie precotte • rosmarino • aglio • alloro • ginepro • olio extravergine • sale grosso e fino

Condire la carne in un piatto con l'olio, strofinare con l'aglio, unire alloro, rosmarino e bacche di ginepro e lasciare marinare per il tempo che avete a disposizione: da 5 minuti fino a una giornata intera in frigorifero. Mettere le pannocchie in una padella antiaderente, condirle con pochissimo olio e sale e farle abbrustolire a fuoco vivace per circa 10 minuti. Io tengo sempre rigorosamente il coperchio così non schizzano. Attenzione a non farle bruciare troppo, meglio girarle spesso. Lasciarle intiepidire e intanto cuocere la carne. Cospargere una bistecchiera o una semplice padella antiaderente con abbondante sale grosso e una goccia d'olio. Lasciare scaldare per bene e poi adagiare le bistecche e non muoverle per circa 2 minuti. Girarle e cuocerle per altri 30 secondi circa sull'altro lato, sempre senza spostarle in modo che rimangano ben impresse le righe della griglia. Portarle in tavola caldissime, intere o già tagliate a striscette, accompagnate dalle pannocchie.

JACKET POTATOES

Queste patate sono l'accompagnamento perfetto per le bistecche. Tuttavia, visto che sono condite con fagioli, burro e formaggio e quindi risultano abbastanza sostanziose, possono essere servite anche da sole... l'importante è che non lesiniate sui condimenti. Dovete far arrivare il burro fino in fondo alla polpa, mescolando bene con la forchetta in maniera che la patata si trasformi quasi in un purè. Poi dovete ricoprire il tutto con fagioli e formaggio finché la preparazione è ancora caldissima. In questo modo tutto si fonderà meravigliosamente. Operazione fondamentale, per non trovarsi nel piatto una semplice patata bollita.

Per 3 persone: 3 patate • burro • 50-100 g di Emmental • 1 lattina di fagioli precotti • 1 spicchio d'aglio • ½ misurino di dado granulare • 1-2 cucchiai di concentrato di pomodoro o passata di pomodoro • rosmarino • olio extravergine • sale

Lavare le patate senza sbucciarle, bucherellarle con la forchetta e poi condirle con sale e olio. Farle cuocere in forno su una placca a 200° per circa un'ora fino a che la buccia non sarà abbrustolita e l'interno morbidissimo. Nel frattempo mettere i fagioli sgocciolati in una padella, condirli con aglio schiacciato, un bicchiere d'acqua, dado, un po' di sale, rosmarino, pomodoro e fare cuocere con il coperchio per circa 10-15 minuti. Devono essere ben sugosi, dunque, se è il caso, aggiungere brodo o passata. Una volta cotte le patate, metterle ognuna in una fondina e praticare un taglio profondo a croce. Sollevare la buccia, inserire un po' di burro e mescolare con la forchetta delicatamente in modo da condire tutta la polpa. L'interno si deve trasformare in una sorta di purè, mentre l'esterno deve restare integro con la sua buccia abbrustolita. Condire con il sale. Distribuirvi sopra l'Emmental con la grattugia a fori grossi, completare con un paio di cucchiaiate di fagioli e un rametto di rosmarino per decorare.

ORANGE CAKE

Gli americani sono proprio bravi a fare le torte! Questa arriva dritta dritta dagli States, dove la mia amica Antonia Maiello ha vissuto a lungo riuscendo a carpire i segreti più golosi delle

loro preparazioni. Il punto forte di tanti dolci americani sta nella glassa e nelle decorazioni che arricchiscono anche le torte più semplici. In questo caso il tocco in più è proprio la delicatissima glassa al succo di arancia.

3 arance • 200 g di farina • 1 bustina di lievito per dolci • 80 g di burro • 2 uova • 100 g di zucchero. *Per la glassa:* 1 arancia • 30 g di zucchero

Mescolare il burro fuso con lo zucchero, incorporare anche i tuorli e sbattere bene. Montare gli albumi a neve e tenerli da parte. Spremere il succo di 2 arance e aggiungerlo alla crema di burro. Unire anche la scorza di un'arancia intera non trattata e poi l'albume montato a neve. Amalgamare delicatamente dal basso verso l'alto e incorporare poco per volta la farina mescolata al lievito. Mettere l'impasto in una tortiera foderata di carta da forno, non troppo grande. Si tratta di una torta piccolina. Cuocere a 180° per 30 minuti. Mentre la torta si raffredda un po', spremere il succo di un'altra arancia e metterlo in un pentolino sul fuoco con lo zucchero. Lasciare bollire per pochi minuti, 3 o 4 al massimo, poi rovesciare la glassa sulla torta e spennellarla su tutta la superficie.

MENÙ RUSTICO MA SAPORITO

Qui ci vedo bene una bella tavola con una tovaglia a quadretti o a fiori, un servizio di piatti rustico e al centro un mazzo di margherite dentro una brocca... proprio per i nostalgici del telefilm La casa nella prateria*!*

GARGANELLI CON ZUCCHINE, ZAFFERANO E BACON CROCCANTE

Le mie bambine adorano il bacon... e come dare loro torto? Il loro desiderio "proibito" sarebbe quello di poter fare tutte le mattine la classica colazione all'americana con pancetta e uova! Dal momento che la cosa è impensabile, con questo sugo ho raggiunto un saggio compromesso, unendo l'adorato bacon a una buona dose di sane zucchine. Per ora la colazione è salva!

Per 4 persone: 250 g di garganelli all'uovo • 100 g di bacon • 3 zucchine medie • 1 bustina di zafferano • ½ cipolla oppure 1 scalogno • olio extravergine • grana (facoltativo) • sale e pepe

Affettare la cipolla o lo scalogno e farla rosolare con una buona dose di olio. Nel frattempo tagliare a rondelle sottili le zucchine e aggiungerle al soffritto quando già incomincia ad appassire. Salare e portare a cottura. Lessare i garganelli e, mentre la pasta cuoce, fare rosolare con pochissimo olio le fettine di bacon tagliate a pezzetti fino a che non saranno ben abbrustolite e croccanti. Ci vorranno pochi minuti. Lasciare asciugare il bacon sulla carta assorbente. Tenendo da parte una tazza di acqua di cottura, scolare la pasta, unirla al sugo di zucchine, fare saltare a fuoco vivace e aggiungere la bustina di zafferano diluita nell'acqua di cottura. Continuare per poco la cottura in modo che la pasta diventi ben gialla e il sugo si restringa un poco. A piacere, aggiungere a questo punto un po' di grana. Unire il bacon e portare a tavola con una buona macinata di pepe.

TORTINO DI ALICI

Questo tortino di alici è proprio buono buono! Si prepara in anticipo ed è squisito anche servito appena tiepido. Le alici

sono talmente saporite e particolari che non hanno bisogno di grandi artifici. L'abbinamento con il pangrattato è sicuramente il migliore, mentre la patata addolcisce un po' tutto il piatto. Mi raccomando soltanto di tagliare le patate sottili in maniera che riescano a cuocere per bene. Sarebbe un vero delitto rovinare questo delizioso equilibrio di sapori.

500 g di filetti di alici • 500 g di patate • 1 ciuffo di prezzemolo • 1 cucchiaiata di capperi • qualche foglia di menta (facoltativa) • 100 g di pangrattato • 6 cucchiai di olio extravergine • ½ spicchio d'aglio • qualche cucchiaio di grana • sale e pepe

Sbucciare e affettare le patate a fettine sottili e farle lessare per circa 5 minuti in acqua salata, poi scolarle. Tritare insieme prezzemolo, menta, aglio, pangrattato, capperi, olio, sale e pepe nel mixer. Ungere di olio una pirofila. Sistemare uno strato di patate bollite e ricoprirlo con la panatura. Sovrapporre uno strato di alici e ancora ricoprire di pangrattato, alternare un altro strato di patate, panatura, alici e panatura. Concludere con una spolverizzata di grana e l'aggiunta di un po' d'acqua sui 4 angoli della pirofila per favorire la cottura. Cuocere in forno a 180° per circa 15 minuti.

ROVESCIATA ALLE PERE

Ecco una torta dal gusto davvero molto intenso. Le spezie cotte con le pere si fondono insieme perdendo le loro note più forti e creando una fragranza delicata e unica. Persino i miei figli, che solitamente non vogliono nemmeno sentire da lontano l'odore dei chiodi di garofano, in questo caso sono stati conquistati.

PANNOCCHIE P. 16

3 pere • 200 g di farina • 100 g di miele • 100 g di zucchero di canna • 1 uovo • 150 ml di latte • 120 g di burro • 1 cucchiaino di lievito per dolci • 1 cucchiaino di cannella • 1 cucchiaino di zenzero in polvere • 1 chiodo di garofano • 1 limone • sale

Sbattere in una ciotola il latte con l'uovo. Sciogliere a fuoco basso il miele con il burro. Mescolare in una ciotola la farina con le spezie (cannella, zenzero e chiodo di garofano schiacciato), il sale e il lievito. Unire il latte sbattuto con l'uovo e poi il burro sciolto con il miele e mescolare bene con la frusta. Aggiungere anche 70 g di zucchero di canna. Sbucciare una delle 3 pere, tagliarla a fettine sottili e metterla nell'impasto mescolando ancora. Sbucciare le altre 2, tagliarle a spicchi e bagnarle con il succo di limone. Foderare la tortiera con la carta da forno e spolverizzarla con lo zucchero di canna avanzato. Sistemare quindi gli spicchi di pera a raggiera con la punta verso il centro, versarvi sopra delicatamente l'impasto e cuocere in forno a 180° per circa 40 minuti. Io a fine cottura regolo il forno in modo che scaldi solo dal basso per circa 5 o 10 minuti, così lo zucchero a contatto con le pere caramella un po'. Una volta sfornata e lasciata raffreddare, rovesciare la torta con le pere in bella mostra e servirla.

MENÙ DA LECCARSI LE DITA

Come si fa a rendere una cena ancora più golosa? Semplice... basta mangiarla con le mani!

PIADINA CHE SI CREDE UNA PIZZA

Non vi scandalizzate! Questi sono i tipici piatti che nascono dall'esigenza di esaudire i desideri dei propri familiari senza troppa fatica. Nel caso specifico, in un piovoso sabato sera di novembre i bambini si erano impuntati a voler mangiare a tutti i costi la pizza. Uscire sotto la pioggia per andare al ristorante era fuori discussione, per mettersi a impastare una pizza ormai era troppo tardi, così ho "truccato" delle belle piadine e le ho buttate in forno. Il risultato è stato ottimo. La pasta sottile e croccante è piaciuta molto e la dimensione ridotta della piadina è la misura perfetta per i bambini.

Per ogni pezzo: 1 piadina classica (da banco frigo) • passata di pomodoro • ½ mozzarella • basilico • sale • olio extravergine. *Per guarnire:* peperoni • zucchine • pomodorini freschi

Stendere sulle piadine un sottile strato di passata di pomodoro, la mozzarella a dadini, zucchine e peperoni crudi tagliati a fettine piccole e molto sottili in modo che cuociano in fretta, pomodorini freschi, sale e olio. Infornare a 200° nel forno ventilato per circa 10 minuti fino a che il formaggio non sarà sciolto e la superficie non si sarà un po' scurita. Servire subito la piadina bella croccante e profumata con un po' di basilico fresco aggiunto all'ultimo.

ALI DI POLLO FRITTE

In America questo è un piatto che va per la maggiore! È proprio lì che ho imparato ad amarlo, a New York, quando, finita l'università, mi sono trasferita lì per una esperienza di lavoro all'estero. Il mio inglese in effetti è migliorato, il mio fisico no: sono ingrassata 5 kg! Questa però è un'altra storia. Se non si esagera con le salsine e si frigge bene in tanto olio, le alette fritte sono un secondo che ogni tanto ci si può concedere con grandissimo gusto e senza troppi sensi di colpa.

Per 3 persone: 6 ali di pollo • 150 g di pangrattato • 2 uova • 50 g di grana • prezzemolo • olio di semi per friggere • sale

Facendo forza, tagliare via con le forbici l'unghietta che si trova all'estremità dell'ala, poi passare ogni pezzo sulla fiamma del fornello per bruciare le piume rimaste attaccate. Sciacquare sotto l'acqua e tamponare con un canovaccio. Mescolare il pangrattato con il grana e poco prezzemolo tritato. Passare il pollo prima nella panatura, poi immergerlo nell'uovo sbattuto e poi di nuovo nella panatura, schiacciando bene in modo che si crei una crosta spessa e resistente. Scaldare abbondante olio in una padella e far cuocere poche alette per volta, per circa 10-15 minuti, rigirandole in modo che non si brucino. Scolarle e servire con maionese o ketchup.

BISCOTTI AL CIOCCOLATO

Vi ricordate quei mitici biscottini ripieni di crema al cioccolato? Non so nemmeno se li vendano ancora. Io comunque ne andavo matta perché erano "cicciosi" e quando li morsicavi scoprivi che dentro c'era un piccolo e delicatissimo cuore morbido. Bene, se riuscite a cuocere nella maniera perfetta questi biscottini, avrete lo stesso irresistibile effetto! Grazie ancora una volta a Francesca La Torre... la maga dei dolci!

Per 6 persone: 220 g di cioccolato • 110 g di burro • 2 uova • 100 g di zucchero • 220 g di farina • ½ cucchiaino di lievito per dolci • sale. *Per guarnire:* zucchero a velo

Sciogliere il cioccolato e il burro in un pentolino a fuoco dolcissimo. Mentre si raffredda, sbattere in una ciotola le uova con lo zucchero, quindi aggiungere la crema al cioccolato e mescolare bene. Incorporare poco per volta la farina mescolata con il lievito e un pizzico di sale fino a ottenere un composto cremoso e omogeneo. Lasciare riposare in freezer o in frigorifero finché l'impasto non sarà abbastanza solido da poter essere manipolato senza appiccicarsi. A questo punto, prelevarne un po' con il cucchiaio e con le mani formare delle palline un po' più grandi di una noce. Posizionarle su una placca coperta con carta da forno e schiacciare le palline con il palmo della mano in modo che si appiattiscano un po'. Cuocere per 6 minuti a 180°, sfornare, lasciarle raffreddare e ricoprire con lo zucchero a velo. L'interno deve restare morbido. Per una perfetta cottura dei biscotti vedere l'introduzione alla ricetta di p. 262.

MENÙ CASALINGO MA ALTERNATIVO

Sembra il menù della nonna... e invece sia le lasagne che le classiche polpette svelano golosissime sorprese.

LASAGNE DI PANE

Questo è uno dei miei piatti preferiti. Così semplice eppure così ricco! Si presenta ancora meglio di una teglia di lasagne e secondo me è anche più buono perché senza besciamella è più leggero. Pensate che la ricetta mi arriva da un convento di suo-

re: cuoche abili e oculate, capaci di trasformare un sacchetto di pane secco in un primo oserei dire... celestiale!

Per 4-6 persone: 7-8 fette grandi di pane (ricavate da pane tipo pugliese) • 2 mozzarelle • 100 g di grana. *Per il sugo:* 1 litro circa di passata di pomodoro • 1 cipolla • 1 spicchio d'aglio • sale • zucchero • basilico • olio extravergine • circa ½ litro di brodo di carne (acqua e un misurino di dado granulare)

Soffriggere l'aglio schiacciato e la cipolla tagliata fine. Poi aggiungere la passata, condire con sale, zucchero, basilico e lasciare cuocere con il coperchio per circa 15-30 minuti. Nel frattempo togliere la crosta alle fette di pane, preparare il brodo sciogliendo in un pentolino di acqua calda il dado granulare con un po' di sale e tagliare le mozzarelle a cubetti. Una volta pronti tutti gli ingredienti, è il momento di comporre le lasagne. Sporcare di sugo rosso la base di una teglia e disporre uno strato di fette di pane in modo da ricoprire perfettamente il fondo. Bagnare il pane con 2 mestoli di brodo. Deve essere ben zuppo. Condire con un generoso strato di sugo, completare con metà grana e metà mozzarella. Ripetere l'operazione componendo un altro strato con il pane bagnato con il brodo, poi con il sugo e terminare con il grana e con la mozzarella. Cuocere in forno ventilato a 180° per circa 20 minuti fino a che le lasagne non saranno ben gonfie e gratinate. Servire non troppo bollente.

POLPETTE CON FONDUTA DI PORRI

Chiamiamole "polpette nobili"! Sì, perché grazie a questa preparazione le classiche palline di carne assumeranno un aspetto e un sapore talmente raffinati da poter figurare anche nelle cene più importanti. Merito del porro vellutato e gustoso! Io le cucino spesso per la mia famiglia che le ama particolarmente, ma sono perfette anche per un buffet, soprattutto se avete la pazienza di preparare polpettine piccole come un boccone.

Per 4 persone: 250 g di carne di manzo macinata • 1 fetta di pane • ½ bicchiere di latte • 1 uovo • 50 g di grana • farina • basilico • sale. *Per la fonduta:* 2 porri • 1 bicchiere di latte • brodo di carne (acqua calda e dado) • olio extravergine • sale

Tagliare i porri a rondelle, soffriggerli dolcemente con un po' d'olio poi stemperare con qualche mestolo di brodo, aggiustare di sale e fare stufare con il coperchio finché i porri non saranno morbidissimi e sfatti. Nel frattempo preparare le polpette: in una ciotola, spezzettare il pane e bagnarlo con il latte. Unire la carne macinata e impastare con le mani. Aggiungere l'uovo, il grana, sale, basilico tritato e continuare a impastare con le mani. Fare delle piccole polpette, passarle nella farina e sistemarle direttamente in padella. Aggiungere un po' d'olio e rosolarle girandole delicatamente a metà cottura. Nel frattempo trasferire i porri, ormai cotti, nel vaso del mixer, unire un po' di latte e un altro po' di brodo e frullare bene fino a ottenere una crema omogenea. Distribuire in ogni piatto una bella cucchiaiata di crema e posizionare sopra 3 polpette. Completare con una foglia di basilico.

TORTA NOCCIOLE E MELE

Questa torta è stata una vera rivelazione: quando l'ho sfornata mi sono accorta subito che era uscita una cosa davvero notevole. L'impasto infatti è ricco di nocciole e di mele e poverissimo di farina. Questo rende la torta morbida e burrosa, perfetta da servire dopo cena con un bicchierino di vino dolce e liquoroso.

160 g di nocciole • 1 mela grossa oppure 2 mele piccole • 150 g di burro • 120 g di zucchero • 150 g di farina • 1 uovo • 1 cucchiaino di lievito per dolci • sale. *Per guarnire:* granella di nocciole • zucchero a velo • panna montata o gelato alla crema

Mettere le nocciole sgusciate sulla placca e farle cuocere a 200° a forno ventilato per 5-10 minuti finché non saranno tostate. Sciogliere il burro e mescolarlo con la metà dello zucchero e l'uovo. Tritare le nocciole nel mixer con l'altra metà dello zucchero. Unire a questo composto anche la farina, il lievito e un pizzico di sale, poi aggiungere il tutto alla crema di burro e amalgamare bene gli ingredienti. Foderare una tortiera con carta da forno e distribuirvi metà dell'impasto. Sbucciare le mele, tagliarle a fettine e disporle sulla torta. Stendere il resto dell'impasto in modo da coprire bene le mele. Spolverizzare con la granella di nocciole e mettere in forno a 180° per circa 30 minuti. Servire la torta tiepida completata da zucchero a velo e panna o gelato.

MENÙ TRICOLORE

Nel centocinquantesimo anniversario dell'unità d'Italia anche in cucina è divertente e goloso diventare un po' patriottici!

PENNONI ITALIANI

Una perfetta pasta semifredda dai colori suggestivi e dal gusto veramente mediterraneo. La preparazione è facilissima. C'è solo un accorgimento fondamentale: non mescolare mai

la mozzarella sul fuoco altrimenti si trasformerà in un'unica palla di formaggio!

Per 4 persone: 350 g di pennoni • 500 g di pomodorini • 1 mozzarella • 3 spicchi d'aglio • basilico • olio extravergine • sale

Schiacciare l'aglio e farlo soffriggere in tanto olio (inclinando bene la padella perché rimanga completamente immerso). Nel frattempo tagliare a metà i pomodorini, salarli e cuocerli in padella insieme al soffritto (sarà sufficiente il tempo di cottura della pasta) con il coperchio. Cercare di non muoverli molto quando si mescola per non romperli. Buttare la pasta e intanto tagliare la mozzarella a dadini. Scolare i pennoni e unirli ai pomodorini nella padella. Far saltare leggermente le penne con il sugo a fuoco vivace e poi trasferire il tutto in un piatto da portata o in una ciotola di servizio. A questo punto aggiungere la mozzarella e il basilico e servire.

SPEZZATINO ESTIVO

Il segreto dello spezzatino, estivo o invernale che sia, è sempre lo stesso: mettere tutti gli ingredienti a crudo e poi fare cuocere dolcemente. In questo caso poi, senza la passata di pomodoro, la preparazione appare più delicata e leggera. Se la servite appena tiepida con tante foglie di basilico fresco, sarà apprezzata anche a ferragosto.

Per 4-6 persone: 1 kg di vitello (codino) • 500 ml di brodo vegetale (acqua calda e dado) • farina • 1 cipolla rossa • 3 cucchiai di olive verdi denocciolate • 1 foglia di alloro • 1 manciata di pomodorini • basilico • olio extravergine • sale e pepe

Tagliare la carne a cubetti, infarinarli e metterli in un tegame. Aggiungere sempre a freddo il brodo, la cipolla affettata

SPEZZATINO ESTIVO P.30

sottilmente, le olive, l'alloro e un po' di sale. Mettere il coperchio e cuocere a fuoco dolce per circa 45 minuti, mescolando ogni tanto. Trascorso questo tempo aggiungere i pomodorini tagliati a metà e cuocere altri 15 minuti circa. Se il sugo si asciuga troppo, allungarlo con altro brodo. Servire con foglie di basilico fresco, pepe e olio.

TORTA DI GALLETTE

Questa è una torta brasiliana, che però mi è stata insegnata da Lourdes, che è peruviana. Si tratta di un dolce semplicissimo che fa impazzire i bambini e si mangia particolarmente volentieri in estate, perché ha la stessa consistenza fresca e delicata di un budino... ma è ancora più goloso.

1 confezione di biscotti secchi tipo Oro Saiwa • 1 busta di preparato per budino alla vaniglia e 1 per budino al cioccolato • 1 litro di latte • farina di cocco

Ricoprire la base di una teglia rettangolare con uno strato di biscotti. Cuocere in un pentolino il budino alla vaniglia con mezzo litro di latte, facendolo bollire per qualche minuto, come scritto sulla confezione. Lasciarlo raffreddare per circa 10 minuti in modo che diventi più denso, quindi rovesciarlo delicatamente nella teglia sui biscotti. Ricoprire il budino con un altro strato di biscotti. Cuocere quello al cioccolato con il latte rimasto. Fare addensare e versare sul secondo strato di biscotti. Completare con una generosa spolverizzata di cocco e lasciare raffreddare. Fare riposare in frigorifero almeno 2 ore prima di servire. Per una torta più alta e ricca, si possono utilizzare 2 buste di budino alla vaniglia e 2 al cioccolato per ogni strato. In quel caso bisognerà utilizzare anche 2 litri di latte.

MENÙ CREMOSO E FILANTE

Un menù che chiama la scarpetta! Quando si finisce il piatto e resta sul fondo un delizioso sughetto, tenete a portata di mano del pane morbido e mi raccomando: niente forchetta, la scarpetta si fa con le mani!

STRASCINATI ALLA CREMA DI CECI DI LEO

Sono molto affezionata a questo piatto, non solo perché è squisito, ma anche perché fa parte dell'infanzia di un mio caro amico, Leonardo Gallo, che tra l'altro è un ottimo medico e ha fatto nascere tutti e tre i miei bambini. Leo mi ha raccontato con tenerezza che da piccolo, quando viveva in Puglia, andava pazzo per questa pasta fresca condita con alloro e tanti ceci che, dopo una lunga cottura, risultavano talmente morbidi e sfatti da trasformarsi in una crema deliziosa. Il tutto poi veniva arricchito da grana e olio crudo.

Per 4 persone: 250 g di strascinati freschi (se non li trovate usate le orecchiette fresche) • 1 lattina di ceci in scatola (circa 300 g) • 2 spicchi d'aglio • dado vegetale granulare • grana • alloro • olio extravergine • sale

Rosolare l'aglio con un po' d'olio inclinando bene la padella in modo che risulti totalmente immerso. Aggiungere i ceci sgocciolati, mezzo bicchiere d'acqua, un cucchiaino di dado vegetale, sale e una foglia di alloro. Fare cuocere dolcemente fino a che i ceci non saranno quasi sfatti. Man mano che si sfaldano, schiacciarli con la forchetta in modo da ottenere un sugo per metà cremoso e per metà a pezzi. Se necessario, aggiungere poco per volta altra acqua, per mantenere la consistenza desiderata. Attenzione a non farli asciugare troppo, altrimenti la pasta non raccoglierà bene il condimento. Regolare di sale. Lessare gli strascinati in acqua salata, scolarli e mescolarli nella padella con il sugo a fuoco non troppo vivace, aggiungendo un po' di acqua di cottura della pasta per allungare il sugo. Spegnere il fuoco e mantecare con tanto grana. Completare con molto olio e servire subito perché, se riposa troppo a lungo, il sugo di ceci si secca.

INVOLTINI DI PESCE SPADA E SCAMORZA

Non si può capire quanto si abbini bene la scamorza affumicata con il pesce spada finché non si assaggiano questi involtini: facilissimi da preparare e un po' diversi dalla classica ricetta siciliana. Li ho assaggiati a Capri durante una seconda luna di miele romanticissima che, dopo dodici anni di matrimonio, io e Fabio ci siamo concessi lontani dai bambini. Sole, mare e cenette a lume di candela. Ogni volta che li cucino mi sembra di tornare là, almeno per qualche secondo... prima che uno dei miei figli attacchi con il solito capriccio!

Per 4 persone: 350 g di pesce spada tagliato a fette molto sottili • 100-150 g di scamorza affumicata • 6 foglie di alloro • pangrattato • olio extravergine • sale

Ricavare dalle fette di pesce spada dei quadrati di circa 8 cm per lato. Mettere al centro di ognuno un pezzetto di scamorza grande come una caramella. Arrotolare il quadrato di pesce spada su se stesso e fermarlo con uno stuzzicadenti.

Irrorare gli involtini così ottenuti con poco olio e spolverizzarli leggermente di pangrattato. Non deve essere una vera e propria panatura spessa. Ungere una padella antiaderente di olio, farla scaldare, adagiarvi gli involtini e le foglie di alloro e fare cuocere a fuoco medio per pochi minuti, fino a che la fetta di pesce spada non sarà diventata bianca e leggermente abbrustolita. Aggiustare di sale e servire subito.

ROSE DEL DESERTO II VERSIONE

Ho voluto precisare che si tratta di una seconda versione, perché mi sono già cimentata in questa ricetta dove i cornflakes imitano i petali delle rose. Questa volta, però, la base del dolcetto è fatta di biscotto ed è quindi più sostanziosa e consistente.

Per 6 persone: **1 uovo • 75 g di zucchero • 100 g di burro • 50 g di fecola di patate • 100 g di farina di mandorle • 100 g di farina 00 • ½ bustina di lievito per dolci • 1 bustina di vanillina • sale • cornflakes • sale**

Sbattere l'uovo con lo zucchero, incorporare il burro sciolto e mescolare bene. Miscelare insieme la fecola, la farina di mandorle, il lievito, la vanillina e un pizzico di sale, aggiungere il tutto al composto di uovo e zucchero e mescolare bene. Per ultimo unire anche la farina 00 e creare un composto abbastanza sodo. Rovesciare i cornflakes in un piatto, prendere un pochino di impasto e formare delle palline grandi più o meno come delle piccole polpette e passarle nei cornflakes in modo che rimangano appiccicati (come un'impanatura). Disporle quindi su una placca foderata di carta da forno. Cuocere per circa 10 minuti a 180°. Attenzione che sulla base i cornflakes bruciano in fretta! Per una cottura perfetta dei biscotti vedere l'introduzione alla ricetta di p. 262.

MENÙ DOLCE COME LE MELE

Questo è un menù molto femminile: io e le mie bambine adoriamo tutte e tre le ricette! Fabio invece fa un po' il sostenuto, ma alla fine il suo piatto è sempre pulito!

GNOCCHI DI RICOTTA CON BURRO E TIMO

Io amo tantissimo gli gnocchi e sono golosissima di ricotta. Potete immaginare quanto mi piaccia questa ricetta, un po' inusuale e delicatamente aromatizzata al timo... anche se la prima volta che l'ho cucinata mi sono sbagliata e invece del timo ho comprato il mirto che, messo all'ultimo nel piatto, non sapeva praticamente di nulla! Va be', piccoli inconvenienti. Una sola precisazione: questi gnocchi non risulteranno umidi e un po' morbidi come quelli di patate, ma piuttosto compatti e "panosi". È il loro buono!

Per 4 persone: 200 g di ricotta • 150 g di farina • 1 uovo. *Per il condimento:* 50 g di burro • timo o salvia • grana • sale e pepe

Mescolare la ricotta con la farina, aggiungere l'uovo, salare e impastare con le mani fino a ottenere un bel panetto morbido ed elastico. Se appiccica, unire ancora un po' di farina. Prendere una pallina di impasto e stenderla a grissino, poi tagliarlo ricavandone dei cilindretti, ossia dei piccoli gnocchi. Farli lessare in acqua salata. Nel frattempo sciogliere il burro in una larga padella con il timo. Quando gli gnocchi vengono a galla, con la schiumarola trasferirli nella padella e farli rosolare nel burro aromatizzato al timo in modo che scuriscano un po'. Completare con una macinata di pepe e grana.

POLLO ALLE MELE

Rieccoci a parlare di pollo. Questa volta per movimentare un po' la preparazione invece del solito vino bianco ho usato il succo di mela e, come contorno, al posto delle classiche patate, delle belle fette di mele renette ripassate in padella. Una delle poche ricette che mi ha copiato persino mia madre... con qualche piccola variante naturalmente, se no, che mamma sarebbe?! Lei ha messo a cuocere le mele direttamente insieme al pollo invece di cuocerle a parte con l'alloro. Il problema è che in questo modo si sfaldano un po', il gusto però è sicuramente squisito.

Per 4 persone: 4 cosce e 2 sottocosce di pollo oppure 1 pollo intero porzionato • 1 scatola di soffritto surgelato (circa 150 g) • 150 ml di succo di mela (quello classico nella bottiglia o nel bric, meglio se poco zuccherato) • 250 ml di brodo vegetale (acqua calda e dado) • 2 mele renette • alloro • rosmarino • bacche di ginepro • olio extravergine • burro • sale

In una pentola versare un po' d'olio, il preparato per il soffritto e lasciare cuocere per qualche minuto. Aggiungere il pollo e rosolarlo bene su tutti i lati. Salare, sfumare con il succo di mela e con il brodo, aggiungere alloro e ginepro e fare cuocere con il coperchio per circa 30 minuti. Intanto tagliare a fette le mele con la buccia, rosolarle in padella con una bella noce di burro, aggiungere un po' di sale, un po' di alloro e di rosmarino e fare saltare a fuoco vivace in modo che si dorino senza rompersi e diventare una pappa. Quando il pollo ha raggiunto la cottura, alzare il fuoco e togliere il coperchio in modo da fare restringere e caramellare un po' il sugo. Servirlo con accanto le mele, come se fossero delle patate.

CROSTATA ANANAS E MELE

Le torte di mele non finiscono mai. Un giorno scriverò un intero libro dedicato a loro. Per ora mi limito a registrare quest'altro celestiale accoppiamento. Polpa di ananas e mela, il tutto adagiato su una base sottile e croccante di pasta frolla... e qui vi svelo un segreto. Infatti la pasta frolla già stesa e pronta all'uso per i miei gusti è troppo sottile. Così ho messo due dischi uno sull'altro e li ho schiacciati appena appena con il mattarello. Risultato perfetto, e come potrebbe non esserlo visto che la ricetta è di Francesca La Torre, che da anni mi trucca e mi regala i segreti dei suoi piatti migliori?

2 dischi di pasta frolla già stesa • 9 fette di ananas sciroppato (nella lattina) • 3 mele • 50 g di zucchero. *Per completare:* burro e zucchero

Sovrapporre i due dischi di pasta frolla, lasciando la carta da forno sulla base. Con il mattarello stenderla appena appena in modo da allargarla un po' e adagiarla nella teglia facendo un piccolo bordino tutt'intorno. Io le do una forma allungata perché la sistemo in una teglia rettangolare di 34 x 24 cm circa. Mettere nel mixer le fette di ananas scolate e frullarle con lo zucchero. Stendere la purea ottenuta sulla base della torta. Sbucciare le mele e tagliarle prima a spicchi poi a fettine lunghe e sottili. Posizionare le fettine sulla purea un po' sovrapposte le une sulle altre in modo da creare tante file vicine. Spolverizzare ancora con poco zucchero e aggiungere qualche ricciolo di burro. Cuocere per 30 minuti a 180° e poi per altri 8 con il calore solo sotto.

INVOLTINI DI PESCE SPADA E SCAMORZA P. 34

MENÙ SEMI-CINESE

Chiamiamolo fusion casalingo! Un primo molto cinese, un secondo contaminato e un dolce... be', il dolce, da qualunque parte del mondo arrivi, mette tutti d'accordo.

SPAGHETTINI DI SOIA CON VERDURE

La cosa difficile con gli spaghettini di soia è riuscire a evitare che diventino un unico pappone tutto gelatinoso e aggrovigliato. Non potete immaginare quante matasse di pasta ho rovinato prima di giungere alla conclusione che non vanno bolliti! Basta metterli a bagno in acqua fredda e poi saltarli con il condimento per pochi secondi. Una piccola esitazione... e tutto sarà perduto!

Per 4 persone: 2 matasse di spaghettini di soia (o di di riso) • 1 manciata di funghi porcini secchi • 200 g di punte di asparagi • 2 carote • 1 peperone • olio di semi o di oliva leggero • salsa di soia • peperoncino • sale

Lasciare ammorbidire i funghi secchi in acqua tiepida. Mettere a bagno, questa volta in acqua fredda, anche le matasse di spaghettini. Affettare a striscette sottili tutte le verdure. Anche le punte di asparagi devono essere tagliate a crudo per il lungo. Scolare i funghi, strizzarli e ridurli a pezzetti tagliandoli con un coltello. Mettere verdure e funghi in una padella antiaderente o in un wok con poco olio e saltare a fuoco vivace con sale e peperoncino. Le verdure devono rimane-

re croccanti quindi bisogna cuocerle poco, qualche minuto e non di più. Quando saranno pronte, togliere gli spaghetti dall'acqua dove si saranno ammollati e sgrovigliati e buttarli in padella con il resto. Condire con una spruzzata di salsa di soia e un mestolino d'acqua, farli saltare per qualche istante, meno di un minuto, e portare in tavola.
Ps: per servirlo come piatto unico basta aggiungere alle verdure 200 g di carpaccio di manzo tagliato a striscioline e farlo saltare velocemente prima di aggiungere gli spaghettini.

INVOLTINI BACON E PRUGNE

L'arrosto è il piatto principe della nostra cucina, ma ha almeno 2 inconvenienti: per cucinarlo bisogna organizzarsi con un po' di anticipo e se non lo si cuoce bene diventa duro come il marmo. Ecco perché io preferisco gli involtini, pratici, veloci, economici e sfiziosi. Questi con il bacon e le prugne sono in assoluto i miei preferiti. A casa mia a fine cena si contano gli stecchini nel piatto per vedere chi è stato il più vorace sterminatore e io raramente vengo battuta!

***Per 4 persone:* 12 fette di bacon • 6 fettine di lonza di maiale • 6 prugne secche denocciolate • 1 bicchierino di Marsala • 50 g di farina • sale • 1 mazzetto di salvia • olio extravergine**

Tagliare ogni fetta di lonza in 2 nel senso della lunghezza. Su ogni fettina di lonza appoggiare una fettina di bacon della stessa grandezza. Completare con mezza prugna secca e avvolgere il tutto chiudendo con uno stuzzicadenti. Infarinare gli involtini e rosolarli con poco olio e tante foglie di salvia. Sfumare con il Marsala e fare restringere il sughetto.

BISCOTTINI DELLA FELICITÀ AL COCCO E VANIGLIA

Mi consegno subito, questi biscottini non hanno nulla a che vedere con quelli cinesi che nei film americani si scartano a fine cena per leggere il messaggino. Però sono buonissimi, burrosi, fragranti, piccoli e profumati. Se avete voglia, avvolgeteli nella carta stagnola o in una carta colorata e divertitevi a inserire in ogni pacchettino un foglietto con una frase un po' sibillina: i vostri ospiti o i vostri famigliari si divertiranno un sacco a scoprire cosa la sorte ha riservato per loro. E poi chissà... magari ci azzeccate pure! Grazie a Lorenzo Boni che mi ha regalato questa preziosa ricetta.

175 g di burro • 100 g di zucchero • 250 g di farina • 100 g di farina di cocco • 1 albume • zucchero semolato

Ammorbidire il burro a temperatura ambiente, oppure scioglierlo nel microonde. Versarlo in una ciotola assieme a tutti gli altri ingredienti e impastare con le mani fino a ottenere un composto plastico. Se si ha fretta, si possono formare delle palline con le mani, passarle nello zucchero semolato e disporle su una placca ricoperta di carta da forno schiacciandole con il palmo della mano in modo da farle diventare dei dischi il più possibile regolari. Quando si ha un po' di tempo, invece, si può dare ai biscotti una forma un po' particolare: formare dei salsicciotti come si fa quando si preparano gli gnocchi, passarli nello zucchero e lasciarli riposare per un quarto d'ora in freezer. Quindi tirarli fuori e tagliare i salsicciotti in dischi spessi circa un cm, come se fossero dei piccoli cilindri. Sistemarli sulla placca rivestita con la carta da forno. La cottura, in entrambi i casi, è la stessa: in forno a 180° per 12 minuti, fino a che i bordi non cominceranno a dorarsi.

MENÙ RICCO MA SANO

Non c'è niente di meglio che fare una bella scorpacciata sapendo che quello che stiamo mangiando è sano e cucinato con amore.

ZUPPA DI VERZA

Pensate che sono arrivata alla veneranda età di 38 anni senza avere mai cucinato la verza. A casa dei miei genitori non si mangiava e così non mi ci sono mai cimentata. Che errore clamoroso: la verza è squisita! Oltre alla cassoeula, che è un piatto tipicamente milanese, molto ricco ed elaborato, con questa verdura si possono preparare tantissime ricette semplici e gustose che solitamente piacciono anche ai bambini. Più avanti, per esempio, troverete degli ottimi involtini che sono la passione di Matilde, ma anche questa zuppa, calda e avvolgente, farà la felicità delle vostre serate d'inverno.

Per 4 persone: 1 cipolla, 1 carota e 1 costa di sedano (oppure 1 confezione di soffritto surgelato) • 1 spicchio d'aglio • 200 g di pancetta affumicata a dadini • 2 patate medie • 1 verza piccola (500 g circa) • 200-250 g di fagioli cannellini in scatola (1 lattina) • 200 g di riso • olio extravergine • grana • sale e pepe

Fare soffriggere in un po' d'olio carota, cipolla e sedano tagliati a pezzetti piccoli (oppure il soffritto surgelato), poi aggiungere l'aglio sbucciato e schiacciato e la pancetta. Lasciare rosolare bene e, nel frattempo, affettare a listarelle sottili la verza, sbucciare e tagliare a dadini le patate e scolare i fagioli. Quando il soffritto sarà pronto, aggiungere nella stessa pentola la verza, le patate e i fagioli, allungare con tanta acqua quanto basta per ricoprirli, salare e fare cuocere con il coperchio per circa 45 minuti. Una volta che la zuppa è cotta, aggiungere il riso, se necessario rabboccare con altra acqua e cuocere ancora un quarto d'ora prima di portare in tavola. Se la lasciate riposare per più di mezz'ora, forse dovrete allungarla con un altro po' di acqua calda prima di servirla. Condire nel piatto con grana, olio e pepe.

FILETTO AL SALE CON SALSA AL PEPE VERDE

Più light di così non si può. Filetto cotto senza olio né burro e condito con una salsa allo yogurt. L'aspetto è quello del classico filetto al pepe verde, ma le calorie sono molte meno. Il segreto del suo sapore sta negli odori che vengono mescolati al sale grosso e che a contatto con la carne la insaporiscono. Ricetta super di Loredana Noto con cui condivido le mie colazioni-chiacchierata prima di buttarmi nel tran tran quotidiano.

Per 4-6 persone: 700 g di filetto • 1,5 kg di sale grosso • salvia • rosmarino • alloro • 1 vasetto di yogurt • 1 cucchiaio di senape • 1 cucchiaio di pepe verde • sale

In una teglia abbastanza alta e stretta mettere un foglio di carta da forno e un sottile strato di sale grosso. Aggiungere un po' di odori e adagiarvi sopra il filetto, completare con altri odori e ricoprire completamente la carne con un altro strato spesso di sale grosso (il filetto deve scomparire!). Bagnare il tutto con qualche goccia di acqua e cuocere in forno a 180° per 45 minuti. Per la salsa, mescolare insieme lo yogurt, la senape, il sale e il pepe tenendone da parte qualche grano. Una volta cotto, togliere il filetto dal sale e ripulirlo per bene con un pezzo di carta assorbente o uno straccetto. Tagliare la carne a fette abbastanza sottili e servire con qualche cucchiaiata di salsa e i grani di pepe avanzati. Guarnire con foglie di salvia, rosmarino e alloro.

BROWNIES AL CIOCCOLATO E ARANCIA

Un pomeriggio stavo leggendo una ricetta di brownies alle albicocche secche. Come spesso succede, però, ho aperto la dispensa e mi sono accorta che mi mancava praticamente tutto. Ormai mi era venuta una gran voglia di preparare quei dolcetti, così mi sono ingegnata con quello che avevo in casa. Ebbene, questo è senz'altro uno dei miei "rattoppi" meglio riusciti. Cioccolato e arance da sempre sono un'accoppiata vincente, ma lo zucchero di canna conferisce all'impasto una crosticina e una croccantezza davvero uniche. E in più si tratta di un piatto proprio leggero.

Per 6 persone: 180 g cioccolato fondente • 2 arance non trattate • 2 uova • 230 g di zucchero di canna • 150 ml di olio di semi • 30 g di cacao amaro • 70 g di farina • 1 cucchiaino di lievito per dolci • sale. *Per guarnire:* zucchero a velo

In un pentolino fare sciogliere a fuoco dolce il cioccolato tagliato a pezzetti con il succo e la polpa di un'arancia e solo la scorzetta grattugiata dell'altra. Nel frattempo sbattere le uova con lo zucchero di canna, incorporare il cioccolato, l'olio a filo, la farina, il cacao, il lievito e un pizzico di sale. Versare il tutto in una teglia rettangolare foderata di carta da forno precedentemente bagnata e strizzata. Cuocere per 30 minuti a 180°, poi lasciare raffreddare e tagliare a cubetti. Spolverizzare di zucchero a velo.

MENÙ SEMPLICE MA GOLOSO

Pietanza in umido chiama riso bollito: è il modo migliore per gustare a pieno la squisitezza degli intingoli e la soluzione più veloce per portare in tavola un ottimo piatto unico.

INVOLTINI DI VERZA CON RISO BOLLITO

È proprio una classica ricetta da riciclo. La farcitura degli involtini dipende un po' da cosa avete nel frigorifero: maiale, pollo, bollito misto... Il risultato è comunque assicurato perché l'involucro di tenera verza cotta nel sugo rosso renderebbe squisito anche il peggiore arrosto avanzato. La "morte sua", come si dice a Roma, è accompagnare il piatto con il riso bollito: si condisce perfettamente con il sughetto rosso e si prepara senza tante complicazioni.

Per 4 persone: 1 verza piccola • 300 g di arrosto avanzato • 1 uovo • 100 g di prosciutto crudo • 40 g di grana • 1 ciuffo di prezzemolo • 1 cipolla • 1 bicchiere di passata di pomodoro • 1 bicchiere di vino bianco • 1 bicchiere di brodo oppure solo di acqua • olio extravergine • sale

Eliminare le foglie più dure della verza, staccare delicatamente le altre e farle lessare in acqua salata per pochi minuti. Scolarle e tenerle da parte. Tritare nel mixer l'arrosto con il prosciutto e il prezzemolo. Trasferire il tutto in una ciotola e completare con l'uovo e il grana. Impastare bene con le mani in modo da ottenere una farcia abbastanza soda e compatta. Tagliare ogni foglia di verza in 2 eliminando la parte centrale bianca e dura, avvolgere una polpettina di farcia nella verza e chiudere con lo stuzzicadenti. Continuare fino a esaurimento degli ingredienti. Affettare la cipolla, soffriggerla in padella con un po' d'olio, aggiungere gli involtini poi la passata di pomodoro, il vino e il brodo. Cuocere a fuoco dolce per 15-20 minuti con il coperchio. Servire con riso bollito da condire con il sughetto.

CROSTATA AL LIMONE E PINOLI

La sfida con mia figlia Matilde riguardo alla torta al limone prosegue. Lei sostiene che quella della sua mensa è la migliore che abbia mai mangiato e io continuo a sfornargliene di nuove nella speranza di farle cambiare idea. Ancora non ci sono riuscita, eppure vi assicuro che questa torta è deliziosa, anche perché la crema al limone, fatta senza farina, è arricchita da mandorle tritate finemente. Provate voi a convincere mia figlia!

1 rotolo di pasta frolla già pronta • legumi secchi • 140 g di zucchero • 2 uova intere e 4 tuorli • 100 ml di limone (se ne può mettere anche meno) • 100 g di farina di mandorle • 1 manciata di pinoli • 50 g di burro. *Per guarnire:* zucchero a velo

Nella teglia coperta di carta da forno stendere la pasta frolla creando un bordino e bucherellare la base. Coprire con la carta stagnola e uno strato di legumi secchi e far cuocere per circa 25 minuti a 200°. Nel frattempo mescolare le uova con lo zucchero, unire il succo di limone, il burro tagliato a

TORTA LAMPO
CIOCCOLATO E PERE P. 14

pezzetti e fare cuocere sul fornello a fuoco moderato, mescolando continuamente fino a che la crema non si addensa. Togliere dal fuoco e incorporare la farina di mandorle. Sfornare la pasta frolla, rimuovere la stagnola e i legumi e fare raffreddare. Mettere la crema nel guscio di pasta frolla, completare con i pinoli e passare al grill per qualche minuto fino a che i pinoli non cominceranno ad abbrustolire. Togliere dal forno, fare raffreddare e spolverizzare con zucchero a velo.

CENA ESTIVA CON BRIO

Il riso nascosto nella più strepitosa torta di verdure, la panatura croccante a racchiudere gli involtini più teneri... gusto e delicatezza sono serviti.

TORTA VERDE ALLA LIGURE

È uno di quei piatti che associo alla mia infanzia in Liguria. A Ospedaletti tutti i bar e le panetterie servono questa torta ripiena di zucchine e riso. È delicatissima e saporita: soddisfa come un primo ma è molto più sfiziosa. Ho provato a cucinarla un sacco di volte senza riuscire mai a ritrovare quel delizioso sapore, fino a che Silvana, cuoca proprio di Ospedaletti, su intercessione della mia mamma mi ha regalato la ricetta perfetta. Un meraviglioso tuffo nel passato!

2 rotoli di pasta sfoglia rotonda già pronta • 60 g di riso • 3 uova. *Per la farcia:* 400 g circa di zucchine verde chiaro • 75 g di grana • ½ cipolla • olio extravergine • sale

Rosolare la cipolla affettata sottilmente con un po' d'olio, poi aggiungere in padella le zucchine tagliate a rondelle, salare e fare cuocere per 5 minuti. Contemporaneamente lessare il riso in acqua bollente salata, anch'esso per 5 minuti soltanto. Scolare il riso e togliere dal fuoco le zucchine. Mescolare riso e zucchine in una ciotola, aggiungere 2 uova, il grana e mescolare bene. Stendere la prima sfoglia in una tortiera, bucherellarla, riempirla con la farcia di zucchine, riso e uova e richiudere con l'altra sfoglia facendo combaciare i bordi. Sbattere il terzo uovo e spennellare bene la superficie della torta. Cuocere a 180° per circa 30 minuti più, se possibile, altri 5 regolando il forno in modo che scaldi solo dal basso.

INVOLTINI DI ENRICA

Questa è la ricetta più semplice del mondo: sottili filetti di pesce, una delicata impanatura e una cottura velocissima. Provate a prepararla, mettete a tavola gli involtini e cronometrate quanto velocemente scompariranno: potreste stabilire un nuovo record! A casa mia il guinness lo detengono Matilde, Eleonora e la loro amichetta Elisa. Fabio non è neanche riuscito a impugnare la forchetta per servirsi! Il segreto è proprio nella cottura in forno che lascia il pesce morbidissimo, incredibilmente leggero ma lievemente gratinato come se fosse fritto in padella. Grazie alla carissima Enrica che tramite mia madre mi regala sempre idee deliziose.

Per 2-3 persone: 300 g di filetti di orata tagliati sottili (carpaccio) • 50 g di pangrattato • 2 cucchiai di grana • 1 cucchiaio di capperi • 4 cucchiai di olio extravergine • 1 ciuffo di prezzemolo

Tritare nel mixer il pangrattato con i capperi, il grana, il prezzemolo e l'olio, fino a ottenere un impasto a briciole. Se necessario, aggiungere ancora un po' di olio. Prendere i filetti di orata e stenderli. Io uso le confezioni di carpaccio che sono molto pratiche. Distribuire su tutta la superficie una buona dose di panatura. Arrotolare il filetto in modo che la panatura si trovi all'interno e sistemare gli involtini in una teglia leggermente unta. Non c'è bisogno di chiuderli con lo stuzzicadenti, resteranno ben sigillati se appoggiati uno vicino all'altro. Ripetere l'operazione fino a esaurimento degli ingredienti. Spolverizzare gli involtini nella teglia con un altro po' di panatura (poca) e un filo d'olio. Cuocere per soli 5 minuti a 180° in forno ventilato e servire appena la carne diventa bianca e la panatura leggermente dorata. Se i vostri filetti sono un po' più spessi del carpaccio dovranno cuocere leggermente più a lungo .

PANNA COTTA AL CIOCCOLATO

La panna cotta è un dolce un po' scontato, se però la arricchiamo con il cioccolato fondente assumerà tutto un altro carattere. Io poi uso pochissima colla di pesce, perché non ho necessità di rigirare gli stampini: lascio il dessert nei bicchierini monodose che guarnisco con panna o frutti di bosco, così la preparazione resterà morbidissima.

500 ml di panna fresca • 250 ml di latte • 150 g di zucchero • 2 fogli di colla di pesce • 100 g di cioccolato fondente. *Per guarnire:* frutti di bosco • zucchero a velo

Ammollare in acqua fredda i fogli di colla di pesce. In un pentolino, mescolare sul fuoco latte, panna, zucchero e cioccolato tagliato a pezzi. Spegnere quando si è formata una crema bella omogenea (non bisogna farla bollire). Aggiungere i fogli di colla di pesce strizzati alla crema di cioccolato e mescolare brevemente. Versare la panna cotta in coppette monodose (bicchierini, tazzine da caffè o da tè andranno benissimo). In questo modo non sarà necessario girarle prima di servire. Lasciare riposare per minimo 3 ore in frigorifero. Guarnire ogni porzione con frutti di bosco e zucchero a velo.

MENÙ PER MANGIONI BUONGUSTAI

Le bambine che tornano a casa tardi dopo la lezione di nuoto, Fabio che arriva stanco morto da una trasferta... Dopo una giornata particolarmente faticosa, un menù come questo fa miracoli.

RISO E LENTICCHIE

Chissà perché le lenticchie si mangiano solo a Capodanno. Sono buonissime, fanno molto bene e per questo bisognerebbe consumarle tutto l'anno. I miei bambini poi ne vanno matti, ma non ho voluto mettere riso e lenticchie nella sezione dedicata ai più piccolini perché anche io e Fabio siamo dei cultori di questo piatto semplice e saporito. La ricetta è della mia amica Rosa Prinzivalli.

Per 4 persone: 200 g di riso • 230 g di lenticchie in lattina prelessate • 1 cipolla • 500 ml di passata di pomodoro • 700 ml di brodo di carne • prezzemolo • grana • olio extravergine • sale e pepe

Affettare la cipolla e farla soffriggere con un po' d'olio in un tegame. Aggiungere la passata di pomodoro, il brodo, salare e portare a bollore. Unire il riso e cuocere con il coperchio a fuoco basso per circa 10 minuti, mescolando ogni tanto in modo che il riso non si attacchi. Trascorso questo tempo, aggiungere le lenticchie scolate e il prezzemolo e continuare la cottura per altri 5 minuti circa, fino a che il riso non sarà pronto. Servire caldo con grana, pepe e olio. Se la zuppa tende ad asciugare, allungare con altro brodo fino a ottenere la consistenza desiderata.

PETTO DI POLLO FARCITO

Come trasformare il più classico dei petti di pollo in un secondo raffinato e davvero irresistibile? Ci vuole un pizzico di manualità per arrotolare la carne e il gioco è fatto. Quando affetterete questo rollè, scoprirete un golosissimo ripieno di prosciutto e formaggio che si scioglie piano piano rendendo la carne ancora più morbida. Occhio alla cottura: non so perché, ma io le carni arrotolate tendo sempre a cuocerle troppo poco e poi una volta che ho incominciato a tagliare sono fregata! Dunque meglio 5 minuti in più che 5 in meno, parola della mia amica Cristina Pistocchi che mi ha regalato questa ricetta.

Per 4 persone: 1 petto di pollo • 100 g di prosciutto cotto • 3 sottilette • rosmarino • farina • vino bianco • olio extravergine • sale

Con un coltello affilato aprire il petto di pollo a libro tagliandolo come fosse un panino da farcire, senza però dividere le 2 fette ma lasciandole unite da un lato, appunto come un libro aperto. In questo modo otterrete una striscia lunga e abbastanza sottile (se vi risulta più facile, potete anche tagliare il petto in due e dividere singolarmente le due metà che poi disporrete vicine leggermente sovrapposte). Su quest'unica grossa fetta di pollo, distribuire un pizzico di sale e uno strato sottile di prosciutto cotto. Aggiungere le sottilette stese al centro del pollo una in fila all'altra e richiudere facendo un rotolo ben stretto. Legare bene con lo spago da cucina e guarnire con un rametto di rosmarino. Infarinare, salare ulteriormente e lasciare rosolare in poco olio a fuoco vivace su tutti i lati. Sfumare con il vino bianco, coprire con il coperchio e continuare la cottura per circa 20-30 minuti. Lasciare intiepidire leggermente e tagliare a fette.

PEPERONATA

Il pollo chiama la peperonata. È un abbinamento classico e sempre vincente.

Per 4 persone: **3 peperoni rossi • 1 cipolla • ½ bicchiere di passata di pomodoro • basilico • olio extravergine • sale**

Tagliare la cipolla ad anelli e soffriggerla nell'olio. Nel frattempo tagliare i peperoni a listarelle e unirli alla cipolla, farli saltare brevemente, aggiustare di sale e poi aggiungere la passata, mezzo bicchiere d'acqua e il basilico. Lasciare cuocere con il coperchio per una ventina di minuti, fino a che i peperoni non saranno morbidissimi e il sugo leggermente asciugato

STRUDEL DI PERE, CIOCCOLATO E CANNELLA

I puristi di questo dolce tipico forse storceranno un po' il naso, eppure l'accostamento irresistibile di pere e cioccolato batte anche quello classico di mele e uvette. Non siate troppo golosi e non esagerate con il ripieno come ho fatto io la prima volta, altrimenti non riuscirete più a chiudere il rotolo.

1 rotolo di pasta sfoglia • 2 pere • 5 cucchiai di zucchero • 4 cucchiai di gocce di cioccolato • 1 tuorlo • 1 cucchiaio di latte • cannella

Sbucciare e tagliare a tocchetti le pere. Mescolarle in una ciotola con 4 cucchiai di zucchero e le gocce di cioccolato. Srotolare la sfoglia, farcirla con il composto, chiuderla come una caramella e sigillarla bene. Sbattere il tuorlo con il latte e spennellare lo strudel. Spolverizzare con lo zucchero rimasto e con un po' di cannella e poi cuocere a 180° in forno per circa 30 minuti, fino a che lo strudel non sarà ben gonfio e dorato. Servire tiepido con altra cannella.

MENÙ FREDDO TUTTO IN TEGLIA

Cucinate tutto in anticipo, poi andate al cinema, a fare shopping o semplicemente una passeggiata. La cena sarà lì pronta ad aspettarvi in qualunque momento la vorrete.

TORTA GRECA DI SPINACI E FETA

Le ricette delle torte salate sono infinite. Ogni paese ne ha una versione diversa. Quella greca è particolarmente invitante. Si presenta bella spessa e naturalmente ripiena di feta... se no che torta greca sarebbe?

2 rotoli di pasta sfoglia • 350 g di feta • 1 kg di spinaci freschi • 3 cipolle • 3 uova • olio extravergine • sale

Tritare le cipolle e farle rosolare nell'olio. Mettere gli spinaci in una grossa pentola (schiacciare bene per farceli stare tutti) aggiungere un bicchiere d'acqua, mettere il coperchio e fare lessare. Ci vorranno pochi minuti, poi vanno scolati e strizzati un po'. Unirli alle cipolle in una ciotola insieme alle uova e a un po' di sale. Tagliare a pezzettini la feta e unirla all'impasto. Stendere una sfoglia su una tortiera foderata di carta da forno, bucherellare con la forchetta e distribuire l'impasto. Livellare bene e poi coprire con l'altra sfoglia. Fare combaciare i bordi e unirli pizzicandoli con le dita in modo che restino sigillati. Mettere in forno a 180° per 40 minuti più, se possibile, altri 5-10 regolandolo in modo che scaldi solo dal basso per fare cuocere bene la base. Lasciare intiepidire o raffreddare e servire la torta tagliata a quadretti.

LINGUA IN SALSA ALLE NOCI

Lo ammetto, in famiglia questa ricetta non ha avuto un grandissimo successo. Io però l'ho trovata deliziosa. Si tratta di una preparazione russa, molto più originale del solito vitello tonnato, con una carne tenerissima e un aspetto etnico e invitante. In controtendenza con il resto della famiglia, continuerò a cucinarla e a mangiarmela con grande soddisfazione!

Per 4-6 persone: 2 lingue di vitello • 1 costa di sedano • 1 carota • 1 cipolla • 1 foglia di alloro. *Per la salsa:* 225 g di maionese light • 70 g di noci • prezzemolo • ½ spicchio d'aglio

Fare bollire le lingue in acqua con sedano, carota, cipolla e alloro per circa un'ora. Nel frattempo preparare la salsa: tritare le noci con il prezzemolo e l'aglio. Trasferire la maionese in una ciotola e mescolarci insieme il trito. Una volta che la carne è cotta, farla raffreddare nel suo brodo (sarebbe meglio addirittura cucinare le lingue il giorno prima). Privare la carne della pelle, tagliarla a fettine sottili, sistemarla in un piatto e distribuire sopra la salsa proprio come se fosse un vitello tonnato.

MARQUISE AL CIOCCOLATO

La marquise è un golosissimo dolce francese, molto simile a una mousse. La ricetta originale prevede che una volta raffreddato debba essere capovolto e servito come una torta morbidissima. Io invece preferisco servirlo a cucchiaiate direttamente dal contenitore dove l'ho fatto raffreddare, per paura che mi si spappoli durante le operazioni di trasferimento.... Meglio non rischiare di rovinare il dessert, soprattutto quando abbiamo ospiti a cena!

400 g di cioccolato fondente • 80 g di zucchero a velo vanigliato (se non si trova vanigliato, aggiungere una bustina di vanillina) • 125 g di burro • 6 tuorli • 500 ml di panna fresca • ½ cucchiaino di cannella in polvere. *Per guarnire:* confettini colorati o pistacchi non salati

Sciogliere il cioccolato con il burro e la cannella. Sbattere i tuorli con lo zucchero a velo finché non saranno bianchi e spumosi. Io uso le fruste elettriche. Montare a neve ben ferma la panna. Unire il cioccolato fuso all'uovo sbattuto e mescolare bene, poi incorporare con delicatezza anche la panna montata mescolando dal basso verso l'alto. Trasferire il composto in una teglia o in una ciotola non troppo profonda e lasciare raffreddare per 12-24 ore nel frigorifero. Prima di servire, guarnire con piccoli confettini colorati oppure con pistacchi tritati.

Cena con amici appena conosciuti, con amici vegetariani, seratina di calcio davanti alla tv, menù di pesce a basso budget. In questa sezione "a tema" ho cercato di interpretare l'esigenza di cucinare il piatto giusto per l'occasione giusta... giocando anche un po' a immaginare tutte quelle situazioni speciali in cui un povero o una povera padrona di casa avrebbe tanto bisogno di un piccolo aiuto! Anche se nell'immediato non siete in una situazione d'emergenza, buttateci comunque un occhio... non si sa mai!

MENÙ A TEMA

CENETTA SICILIANA

Le cene a tema regionale sono le mie preferite! In questo modo puoi dare un piccolo indizio agli ospiti senza svelare tutti i tuoi assi nella manica, stuzzichi l'appetito e faciliti la scelta del vino per chi vuole portarti una bottiglia! Di solito però a una cena siciliana, per esempio, evito di invitare siciliani doc (a meno che non siano amici carissimi), un po' perché sicuramente avranno mangiato quei piatti un milione di volte, un po' perché voglio scongiurare il rischio che dentro di sé pensino quanto la loro mamma li cucinava meglio!

SARDE A BECCAFICO INFILZATE

Le crocchette di sarde sono come le ciliegie. Se si incomincia a mangiarne una... non si smette più! Immaginate il gusto delizioso dell'uvetta, dell'aglio e delle acciughine, tipiche del beccafico, unite alla croccantezza irresistibile del fritto. Devo dire altro? Mi raccomando: non friggetele con troppo anticipo. Devono essere servite tiepide e fragranti.

Per 4-6 persone: 350 g di sarde già diliscate • 3 cucchiai di pangrattato • 2 cucchiai di pecorino non troppo stagionato • 2 uova • 1 cucchiaio di pinoli • 1 cucchiaio di uvetta • sale • olio per friggere • alloro

Tritare le sarde (tagliarle a pezzetti piccoli piccoli come si fa con la mezzaluna, ma per fare più in fretta si può usare il mixer). Mettere le sarde spezzettate in una ciotola con il pangrattato, il pecorino, le uova, una presa di sale, l'uvetta e i pinoli, amalgamare il tutto e formare delle polpette grandi come una pallina da ping-pong. Se il composto risulta troppo molle si può aggiungere ancora pangrattato, ma senza esagerare. Friggere le polpette in abbondante olio bollente e poi infilzarne 2 in ogni spiedino con in mezzo una foglia di alloro.

SPAGHETTONI CON PESTO TRAPANESE

Una bella pastasciutta fa sempre piacere. A prima vista può sembrare una semplice pasta col pomodoro, ma basta una forchettata per capire che in realtà è tutta un'altra storia. Il sugo si prepara in anticipo ed è una ricetta talmente facile che non può non riuscire. È molto scenografica e buona da morire... insomma il piatto perfetto.

Per 4 persone: **400 g di spaghetti alla chitarra freschi • ½ spicchio d'aglio • 1 ciuffo di basilico • 3 cucchiai di mandorle (circa 40 g) • 100 ml di olio extravergine • sale grosso • 600 g di pomodori maturi • pecorino • pepe**

Tritare nel mixer l'aglio con le mandorle, il basilico, un pizzico di sale grosso e l'olio. Immergere i pomodori per circa 2 minuti in una pentola con l'acqua bollente. Scolarli e togliere la buccia che così verrà via molto facilmente. Tagliare i pomodori a pezzetti con un coltello, mescolarli in una ciotola con il pesto, aggiungere la pasta lessata e ben scolata e completare il tutto con altro olio, pepe e pecorino grattugiato.

COTOLETTE ALLA PALERMITANA

Arrivati al secondo, di solito i miei ospiti si arrendono: li ho stesi! Allora porto in tavola un piccolo sfizio, qualcosa di talmente delizioso da tentarli ancora una volta e convincerli a un piccolo assaggino. Dunque non cucinate tonnellate di carne, ne basterà davvero poca, e fate cotolette piccole e sfiziose. Scegliete la carne più tenera e cuocetela all'ultimo momento. Da accompagnare a pochi pomodorini conditi con olio, sale e basilico. Si possono preparare anche senza l'aggiunta di aglio, soprattutto se sono per i bambini. Saranno ottime lo stesso.

Per 4 persone: **500 g circa di fettine di manzo o vitello • 100 g di pangrattato • 50 g di pecorino non troppo stagionato • 1 ciuffo di prezzemolo • 1 spicchio d'aglio piccolo • olio extravergine • sale**

Tritare il prezzemolo con l'aglio. Mescolare al trito il pangrattato, il pecorino, un po' di sale e amalgamare con le mani fino ad avere un composto omogeneo. Passare la carne (con le classiche bistecchine sottili di vitello avrete delle cotolette tenerissime) nella panatura schiacciando bene con le mani per formare uno strato compatto di pangrattato. Sistemare le fettine su una placca foderata di carta da forno e condire con un filo d'olio. Cuocere a 180-200° funzione grill per circa 5-10 minuti al massimo. A metà cottura, se necessario, girarle.

SEMIFREDDO AL CAFFÈ

Questo semifreddo assomiglia tantissimo alla mitica Coppa del nonno! "Pannoso" e delicatamente aromatizzato al caffè. Il modo più dolce per concludere una bella cena! Visto che si taglia a fette come una torta, potete benissimo servirlo nei piattini da dessert evitando di cercare coppe o coppette da gelato.

Per 6 persone: 500 ml di panna fresca • 170 g di latte condensato • 2 tuorli • 4 cucchiai di caffè solubile. *Per guarnire:* cacao amaro • chicchi di caffè

Mettere 4 cucchiai di panna liquida in un pentolino, scaldarla sul fuoco e sciogliercì il caffè. Montare il resto della panna a neve. In una ciotola sbattere i tuorli con il latte condensato, incorporare il caffè sciolto nella panna liquida e poi unire anche la panna montata, mescolando delicatamente dal basso verso l'alto. Versare il composto in una forma da plum-cake e conservare in freezer da qualche ora a una notte. Servire 1 o 2 fette spolverizzate di cacao amaro e accompagnate da qualche chicco di caffè.

CENETTA FRANCESE

Menù più difficile da pronunciare che da cucinare! Niente pastasciutta che fa "troppo italiano", ma una deliziosa vellutata con formaggio rigorosamente francese. Il piatto forte è una carne alla bourguignonne, mentre il dolce è aromatizzato al Grand Marnier. Una cenetta che si prepara con largo anticipo, perfetta per godersi una raffinata seratina tra amici.

SEMIVELLUTATA DI ZUCCHINE CON ROQUEFORT O GORGONZOLA PICCANTE

Le vellutate sono molto versatili. Presentandole semplicemente con un po' di grana sono dei primi sani e casalinghi per tutta la famiglia. Basta però guarnirli con qualche gamberone, bacon o formaggio nobile, diminuire le dosi, ed ecco servita una elegante entrée per un pranzo importante. A proposito, l'ho chiamata semivellutata perché le zucchine non sono del tutto frullate, ma grattugiate come le carote.

Per 4-6 persone: **700 g di zucchine • 2 cucchiai di farina • ½ cipolla • olio extravergine • 1 misurino di dado granulare • gorgonzola piccante o Roquefort • sale**

Grattugiare le zucchine con la grattugia a fori grossi, quella per le carote. Rosolare la cipolla tagliata fine con l'olio. Una volta che è appassita per bene, aggiungere la farina e tostare il tutto. Unire le zucchine, mescolare brevemente e poi allungare con l'acqua e il dado granulare. Mi raccomando poca acqua, che raggiunga appena a filo le zucchine. Aggiungere il sale e cuocere per 10 minuti. Una volta cotta la zuppa, frullarla con il frullatore a immersione lasciando però qualche pezzo di zucchina, senza creare cioè una crema omogenea. Servire nelle ciotole con una dadolata di Roquefort o, in alternativa, di gorgonzola piccante. Se non amate i formaggi troppo saporiri sostituiteli con gamberoni al vapore.

BOEUF BOURGUIGNON

Gli appassionati l'avranno subito riconosciuto! Questo è uno dei piatti più celebri preparato nel famoso film Julie & Julia.

VELLUTATA IN CROSTA
CON GAMBERI P. 124

Naturalmente io ho accorciato qualche passaggio, ma nell'insieme ho cercato di essere abbastanza fedele e mi sono proprio divertita a scimmiottare le scene del film. Il risultato è una carne davvero morbidissima e molto saporita. Chissà se la mitica Julia approverebbe le mie piccole modifiche.

Per 6 persone: 1,4 kg di polpa di manzo (cappello del prete) • 1 bottiglia di vino rosso • 400 ml di brodo di carne (acqua calda e dado) • 150 g di pancetta dolce a dadini • 1 cipolla • 3 carote • qualche spicchio d'aglio • alloro • 2 cucchiai di farina • 1 cucchiaio di concentrato di pomodoro • olio extravergine • sale e pepe

Rosolare in un tegame con pochissimo olio la pancetta per qualche minuto. Toglierla e nello stesso olio rosolare poco per volta la carne tagliata a cubetti. Deve fare la crosticina senza cuocere dentro. Togliere anche la carne e nello stesso tegame rosolare carote e cipolla. A questo punto riunire la pancetta e la carne, salare, pepare, aggiungere la farina e rosolare ancora per qualche minuto. Sfumare con vino e brodo e completare con una foglia di alloro tagliata a pezzetti, il concentrato di pomodoro e l'aglio. Riportare il tutto a bollore, mettere il coperchio e trasferire in forno a 200° per circa 2 ore, fino a che il sugo non si sarà ben ristretto e la carne sarà tenerissima. Controllare ogni tanto che non bruci! Se il sugo non si è ancora ristretto prolungare il tempo di cottura.

CIPOLLINE IN AGRODOLCE E FUNGHI

Ecco 2 contorni un po' diversi dalle solite patate al forno, perfetti da abbinare a una carne importante. Preparateli in

anticipo e scaldateli all'ultimo momento, presentandoli l'uno accanto all'altro in un bel piatto da portata ovale.

Per 6 persone: 500 g di funghi champignon • 3 spicchi d'aglio • 1 mazzetto di prezzemolo • 500 g di cipolline borrettane già pulite • burro • 2 cucchiai di farina • 2 chiodi di garofano • 1 bicchiere di brodo • 2 cucchiai di zucchero • ½ bicchiere di aceto • olio extravergine • sale e pepe

Rosolare in una padella l'aglio con un po' d'olio. Aggiungere i funghi tagliati a fettine sottili, regolare di sale e pepe, abbassare il fuoco e fare cuocere con il coperchio fino a che i funghi non saranno morbidi. Completare a fuoco spento con tanto prezzemolo. In un'altra padella rosolare le cipolline con una bella noce di burro. Condire con il sale e quando iniziano a dorare unire la farina, farle tostare brevemente, sfumare con il brodo e aggiungere i chiodi di garofano. Mettere il coperchio e cuocere a fuoco basso fino a che le cipolle non saranno tenere e il sugo asciugato. Se necessario allungare con altro brodo. Quando le cipolle sono abbastanza morbide, aggiungere lo zucchero e l'aceto e continuare la cottura fino a farle caramellare.

CREMA AL GRAND MARNIER E LAMPONI

Pur non amando i dolci con il liquore, adoro questo dessert! Il Grand Marnier gli conferisce un aroma delicatissimo e irresistibile. La prova è che il piccolo Diego che ha 2 anni, dopo averlo assaggiato, se non glielo avessi tolto di mano se lo sarebbe mangiato tutto! Inoltre non è nemmeno necessario farlo raffreddare e raddensare in frigorifero. Lo si prepara in 2 minuti ed è subito pronto da mangiare. Ideale dunque anche se arrivano all'improvviso degli ospiti inattesi! Grazie a Luigi Spagnol per questo e altri preziosi regali.

Per 6 persone: 400 g di ricotta • 4 cucchiai di zucchero • 2 cucchiai di Grand Marnier • 2 cucchiai di panna fresca • 2 cestini di lamponi • zucchero a velo

Lavorare la ricotta con lo zucchero e il liquore usando un cucchiaio o le fruste elettriche. Montare la panna (anche se ne useremo solo 2 cucchiaiate dovremo montarne un po' di più, circa 200 ml) e unirla alla crema mescolando dal basso verso l'alto. Distribuire il composto in piccole coppette, guarnire con tanti lamponi e spolverizzare con zucchero a velo. Questa crema è molto buona anche senza l'aggiunta della panna, solo con ricotta, zucchero e liquore. Se si prepara in anticipo, va conservata in frigorifero.

CENA AMERICANA

Quando uno pensa a una cena in stile Usa, immagina subito hamburger e patatine. Eppure ci sono tante altre ricette veramente golose tipiche di questa cucina. Insomma, dimenticate il cappello da cowboy e sedetevi a tavola!

TUNA SALAD

Questa insalata buonissima e golosissima può essere presentata in diversi modi: in una coppetta monodose, foderata con

una foglia di lattuga; in una ciotola da portata, da presentare come se fosse un pâté o una mousse, cioè con crostini da spalmare a piacere, oppure direttamente all'interno di morbidi tramezzini. A voi la scelta. Qualunque sarà, scommetto che non ne avanzerà nemmeno una cucchiaiata.

Per 4-6 persone: 350 g di tonno in scatola (sott'olio o al naturale) • 1 carota • 1 costa di sedano • 1 cipollotto piccolo (facoltativo) • ½ mela verde • 3 cucchiai di maionese abbondanti (100 g circa in tutto) • 1 cucchiaino colmo di senape • limone • sale e pepe

Spezzettare con la forchetta il tonno in una ciotola, tagliare a pezzetti più piccoli possibili la carota, il sedano, il cipollotto e la mela, unire il tutto al tonno. Condire con un po' di succo di limone, sale e pepe e amalgamare con maionese e senape. Servire una bella cucchiaiata di tuna salad su una grossa foglia di lattuga a rivestire il piatto, oppure spalmarne un'abbondante quantità in un sandwich con lattuga e pomodoro.

POLPETTONE AMERICANO

Questo polpettone è talmente buono che è difficile da spiegare, ma ci proverò! La pancetta rosolata e glassata crea una crosta invitante e profumata che lascia l'interno del polpettone morbido e umido, per niente stopposo anche perché la carne è mescolata con il pane bagnato nel latte. La glassatura sulla pancetta poi risulta un po' dolce, il che crea un golosissimo contrasto con il gusto della carne. Insomma, io non ho mai mangiato un polpettone più buono. Servitelo con il puré e vi sentirete in paradiso!

Per 6 persone: 500 g di carne di manzo macinata • 3 fette di pane • 100 ml circa di latte • 50 g di grana • 2 uova • 1 manciata di prezzemolo tritato • 150 g di pancetta arrotolata a fette • sale. *Per la salsa:* 4 cucchiai di ketchup • 2 cucchiai di senape • 2 cucchiai di zucchero di canna

Tagliare il pane a pezzi e ammollarlo nel latte, poi spappolarlo con le mani in modo da ottenere una poltiglia. Aggiungere la carne macinata e amalgamare il tutto con le mani. Unire anche le uova, il grana, il sale e in ultimo il prezzemolo, sempre continuando a mescolare fino a ottenere un composto sodo e omogeneo. Foderare una teglia di carta da forno e adagiarci il polpettone dandogli una forma allungata e affusolata, un po' come un grosso arrosto. Ricoprire completamente il polpettone con le fette di pancetta. Mescolare in una ciotolina tutti gli ingredienti della salsa e spalmarne una parte sullo strato di pancetta in modo da ricoprire completamente il polpettone. Mettere in forno a 160-180° per 40 minuti. Passato questo tempo, ricoprire il polpettone con altra salsa, ma senza usarla tutta, e farlo cuocere per altri 20 minuti. Deve formarsi una bella crosticina glassata. Sformare e servire tiepido con salsa a parte.

TORTA DI CAROTA ALL'AMERICANA

Non c'è che dire. Gli americani in fatto di dolci sanno il fatto loro. Noi potremo pure insegnargli a preparare pasta e pizza, ma quando si tratta di glasse sono dei veri maestri. Questa fatta con il formaggio morbido è la mia preferita in assoluto. L'impasto, alto e umido, è così buono perché racchiude al suo interno un mix di spezie che lo rende molto particolare. Di solito l'abbinamento classico della torta di carote è con le mandorle. Qui invece c'è addirittura il chiodo di garofano. Niente paura però, il gusto non è per niente aggressivo.

400 g di carote • 300 g di zucchero • 100 g di zucchero di canna • 4 uova • 350 ml di olio di semi • 350 g di farina • 2 cucchiaini di lievito per dolci • 1 cucchiaino di cannella • 1 pizzico di noce moscata • 1 pizzico di chiodi di garofano macinati (basta prenderne uno intero e schiacciarlo). *Per la glassa:* 225 g di Philadelphia • 50 g di burro • 100 g di zucchero a velo

Grattugiare o tritare nel mixer le carote. Mescolare gli zuccheri, aggiungere le uova e sbattere con le fruste elettriche fino a ottenere un composto bianco e spumoso. Sempre continuando a sbattere aggiungere anche l'olio e poi unire le carote grattugiate mescolando con un cucchiaio. Unire anche la farina, il lievito e le 3 spezie e mescolare ancora. Versare l'impasto in una tortiera ampia e profonda foderata di carta da forno e cuocere a 180° per 40 minuti, più altri 5 con il calore solo sotto. Per la glassa, frullare nel mixer il Philadelphia con il burro, poi aggiungere anche lo zucchero a velo e spalmare abbondantemente sulla torta già raffreddata, facendo colare la glassa anche un po' sui lati. Quando si solidificherà resterà comunque un po' morbida... ma è il suo buono.

CENETTA MESSICANA

Ho sperimentato questa cenetta durante lo scorso inverno invitando 2 coppie di amici molto cari (dal momento che non ero sicura del risultato non volevo fare brutta figura con estranei!). Insieme alle fajitas, che sono riuscite benissimo, ho preparato anche un chili di

NACHOS SONORA P. 77

carne che si è rivelato pessimo. Tranquilli, l'ho eliminato dal menù. La serata, chili a parte, è stata un vero successo. La cena messicana è divertente sia perché si mangia con le mani, sia perché è un po' piccante e piena di salsine speciali da provare. Se volete, poi potete servire una gamma di alcolici che sicuramente riscalderanno la compagnia. Dalla tequila bum bum alla caipirinha!

TORTILLA DI PATATE

La tortilla di patate è un ottimo aperitivo-antipasto da servire anche in una cena non tipicamente messicana. La si può arricchire con la paprica e presentare tagliata a quadrotti. I miei bambini la amano molto e io a volte la cucino come piatto unico da abbinare alle verdure. Impossibile non riconoscerne subito il profumo mentre sfrigola in padella. Eleonora appena lo sente incomincia a saltare di gioia urlando "frittata". Io un po' meno, pensando che l'odore di fritto aleggerà in casa per tutto il giorno...

1 busta da 450 g di patate al rosmarino surgelate • ½ cipolla • 4 uova • 2 cucchiai di grana • olio extravergine • sale

Mettere un po' d'olio in una padella e fare soffriggere a fuoco dolce la cipolla tritata e le patate per circa 10 minuti. Aggiustare di sale e aspettare che le patate siano ben rosolate e croccanti. Sbattere le uova in una ciotola, aggiungere le patate, il grana e mescolare delicatamente. Ungere nuovamente la padella e quando sarà calda versare l'impasto e farlo cuocere con il coperchio per una decina di minuti a fuoco moderato fino a che la base non sarà ben rosolata (si può controllare sollevando leggermente la tortilla con una paletta). Girare la frittata aiutandosi con il coperchio o un piatto, aggiungere ancora un po' d'olio nella padella e fare rosolare anche sull'altro lato. Servire tiepida.

FAJITAS DI POLLO

Le fajitas sono una vera delizia. Mordere queste tortillas ripiene di carne sugosa condita con formaggi e salsine che minacciano di scappare da tutte le parti è un rituale forse poco educato ma golosissimo. Le fajitas sono molto buone anche cucinate con la carne di manzo, ma il rischio è che rimanga un po' dura. Dunque... meglio andare sul sicuro!

1 confezione di tortillas • 400 g di petto di pollo • ½ cipolla • ½ peperone • 1 spruzzata di salsa Worchester • succo di ½ limone • semi di cumino • sale. *Per la marinata:* ½ limone • 1 lattina di birra

Dividere a striscioline il pollo e poi lasciarlo marinare in una ciotola con il limone e la birra. Tagliare a listarelle il peperone e la cipolla e farli cuocere sulla griglia (l'ideale è usare la bistecchiera, altrimenti va bene anche una padella antiaderente). Quando il peperone e la cipolla sono cotti, unire la carne sgocciolata dalla sua marinata. Farla cuocere a fuoco vivace aggiungendo la salsa Worchester, il limone, il sale e il cumino. Nel frattempo scaldare nel forno a 180° per pochissimi minuti le tortillas (da portare in tavola coperte da un panno in modo che restino calde) e servire la carne direttamente sulla bistecchiera, accompagnata dalle salsine e dalle tortillas. Ognuno potrà riempirle a piacere.

SALSINE DI ACCOMPAGNAMENTO: PANNA ACIDA, PICO DE GALLO E FAGIOLI MESSICANI

Una volta che la carne è pronta, deve essere gustata con le salsine di accompagnamento. Io prendo una tortilla, ci spalmo sopra uno strato di guacamole, uno di panna acida e un cucchiaio di fagioli. Poi metto una cucchiaiata di carne, concludo con il pico de gallo e richiudo la tortilla arrotolandola e ripiegando l'estremità in modo da formare una specie di cono pieno di delizie.

Per la panna acida: 200 ml di panna fresca • succo di ½ limone. *Per il pico de gallo:* 200 g di pomodorini • 1 presa di sale • 1 presa di zucchero • 1 ciuffo di prezzemolo • 1 cipollotto • succo di ½ limone. *Per i fagioli messicani:* 1 lattina di fagioli messicani già pronti (oppure 1 lattina di fagioli borlotti) • 1 cucchiaio di concentrato di pomodoro • 1 spicchio d'aglio • sale • zucchero • peperoncino a piacere

Panna acida: mescolare la panna con il succo di limone e lasciare riposare fino a quando non si sarà creata una crema abbastanza densa. Meglio assaggiare per controllare l'acidità. Se necessario, aggiungere altro limone. *Pico de gallo:* tagliare i pomodorini a pezzetti piccoli piccoli, affettare il cipollotto ad anelli sottili e tritare il prezzemolo. Condire i pomodorini con sale, zucchero, limone, prezzemolo e cipollotto e lasciare riposare in frigorifero. *Fagioli messicani:* se trovate i fagioli messicani già pronti, basta metterli in un pentolino e farli scaldare. Diversamente ecco la ricetta: cuocere i fagioli borlotti con il concentrato di pomodoro, mezzo bicchiere d'acqua, una presa di sale, una di zucchero e uno spicchio d'aglio. Fare sobbollire per circa 10 minuti lasciandoli un po' sugosi. Prelevarne una piccola parte, circa 2 cucchiaiate, frullarli e rimetterli nel tegame. In questo modo la salsa sarà più cremosa. Portare subito a tavola.

RAVIOLI AL CIOCCOLATO

Questo non è un dolce molto messicano, lo ammetto, ma nell'ottica di mangiare tutto con le mani, ci può stare bene. Questi ravioli sono perfetti per una merenda di Carnevale, ma io li trovo deliziosi e poco impegnativi anche a fine pasto. La prima volta che li ho cucinati avevo invitato nella mia trasmissione un gruppo di amichetti delle mie figlie che doveva realizzare un servizio giornalistico per la scuola. Immaginate che caos in cucina. Uno che usava il mattarello, l'altro che voleva più farina, tutti quanti che saccheggiavano la Nutella invece di metterla nei ravioli... eppure alla fine i dolcetti sono venuti perfetti e buonissimi. La magia dei bambini!

Per 6 persone: 150 g di farina • 3 cucchiai di zucchero • 30 g di burro • 1 uovo • 1 bustina di vanillina • olio di semi • zucchero a velo. *Per farcire:* Nutella o marmellata

Mescolare in una ciotola la farina con lo zucchero e la vanillina. Unire il burro sciolto e l'uovo. Amalgamare prima con la forchetta, poi con le mani, manipolando l'impasto fino a ottenere un panetto. Dividerlo in 4 parti e passare ognuna nella macchinetta per stendere la sfoglia. In alternativa si può stendere con il mattarello. Su ogni striscia di pasta ottenuta distribuire i mucchietti di farcia (Nutella o marmellata) distanziati tra loro. Ne andrà bene un cucchiaino. Richiudere la sfoglia su se stessa e ricavare dei ravioli usando un coltello o l'apposita rotellina. Friggere i ravioli in tanto olio bollente e servire spolverizzati di zucchero a velo.

CENETTA MESSICANA 2

La prima cenetta messicana mi ha dato così tanta soddisfazione che ho deciso subito di bissare! Con un altro gruppo di amici però! Questa volta il piatto forte, cioè il pollo con i peperoni, è davvero molto veloce da preparare. Si può utilizzare il pollo intero porzionato o semplicemente il petto tagliato a cubetti.

NACHOS SONORA

I nachos sonora sono un classico della cucina tex mex. Sono patatine di mais ricoperte di formaggio filante e peperoncini verdi dolci. Quando io e Fabio siamo stati in California li ordinavamo in tutti i ristoranti. Non riuscivamo a resistere... Il problema era che poi quando arrivava il main course, *il piatto principale, non avevamo più fame per niente!*

Per 4-6 persone: 100 g di nachos • 50 g di caciotta bianca • 2 peperoncini verdi dolci • 4 pomodorini ciliegino (oppure 1 pomodoro medio)

Distribuire i nachos su un piatto ampio che vada anche in forno. Grattugiare sopra le patatine il formaggio, utilizzando la grattugia per le carote, con i fori grossi. Aprire i peperoncini verdi, eliminare i filamenti bianchi e i semi, tagliarli a listarelle e distribuirli sul formaggio. Passare in forno funzione grill per pochi minuti a 200°. Tagliare i pomodorini a dadini piccoli. Togliere i nachos dal forno non appena il formaggio si è sciolto. Completare con i pomodorini e portare immediatamente a tavola.

BOCCONCINI DI POLLO PICCANTE TEX MEX

Una specie di spezzatino immerso in un invitante sughetto vellutato di peperoni. Questi bocconcini sono perfetti da abbinare al riso bianco che raccoglie il sugo proprio come la più classica delle scarpette!

Per 4 persone: **500-600 g di petto di pollo • 1 peperone rosso non troppo grande • 3 cucchiai di olio extravergine • 4 cucchiai di ketchup • peperoncino • paprica • 300 g di riso basmati • prezzemolo • sale**

Tagliare a bocconcini non troppo piccoli il petto di pollo e sistemarlo in una pirofila. Tritare nel mixer il peperone con il ketchup, l'olio, il peperoncino e la paprica. Versare la salsa sul pollo e salare. Se c'è tempo si può fare marinare un po' la carne, altrimenti mettetere subito in forno ventilato a 200° per circa 15 minuti. Servire con riso basmati bollito oppure con patate al forno o bollite. Completare con il prezzemolo. La stessa ricetta, con tempi di cottura più lunghi, può andare bene anche con i fusi di pollo.

SPIEDINI DI FRUTTA CARAMELLATA

Gli spiedini di frutta sono freschi, croccanti e golosi. In Romagna c'è un mitico carretto che passa per la spiaggia urlando "canditiiii" e attira frotte di bimbi con i pugnetti chiusi pieni di monetine da spendere. Di solito in quei gruppi ci sono

SPIEDINI DI FRUTTA CARAMELLATA

P. 78

anch'io. Ecco perché ho deciso di provare a prepararmeli a casa. L'unico inconveniente è che il caramello è davvero... infido. Tu pensi di saperlo gestire, ma alla fine ti scotti sempre almeno un dito. Per questo fate attenzione, non eseguite la ricetta frettolosamente e soprattutto tenete i bambini lontani dal pentolino con lo zucchero fuso.

Per 10 pezzi: 1 grosso grappolo d'uva bianca • 1 cestino di fragole • 200 g di zucchero • ½ limone

Come prima cosa preparare gli spiedini. Io di solito alterno un chicco d'uva, una fragola e un altro chicco d'uva. 3 pezzi saranno sufficienti. In un pentolino mettere lo zucchero, 2 cucchiai d'acqua e il succo di limone. Lasciare cuocere a fuoco medio fino a che non si sarà formato un bel caramello dorato. Lo zucchero prima si scioglierà, poi incomincerà a bollire, infine le bolle diventeranno più scure. Attenzione a non farlo scurire troppo perché il caramello tende a bruciare con molta facilità. Appena è pronto toglierlo dal fuoco. Prendere uno spiedino per volta e posizionarlo sopra il pentolino. Con estrema cautela versare una cucchiaiata di caramello su ogni pezzo di frutta, lasciandolo colare dentro al pentolino. Sistemare gli spiedini in un bicchiere o in una ciotola in maniera che stiano ben separati e dritti. Se necessario, dividerli in più bicchieri. Lasciare raffreddare per qualche minuto: quando non appiccicano più potete anche metterli stesi su un vassoio, ma sempre in modo che non si tocchino. Lasciare per 10-15 minuti in frigorifero e poi servirli. Meglio non prepararli il giorno prima, perché il caramello tende a sciogliersi molto velocemente, soprattutto sulle fragole.

CENETTA INDIANA

Io e Fabio siamo dei veri appassionati di cucina indiana! Di solito frequentiamo sempre lo stesso ristorante, dove io mangio la carne tandoori mentre Fabio ordina la cosa più piccante del menù e dopo un po' incomicia a lacrimare e diventa tutto rosso! Non mi ero mai azzardata a cucinare una vera cenetta indiana a casa, ma poi ho trovato la ricetta del cheese naan, cioè il pane al formaggio di cui vado ghiottissima, e così non ho resistito! Il risultato è stato ottimo e sull'onda dell'entusiasmo ho sperimentato anche un vero e proprio curry fatto in casa!

CHEESE NAAN

Nella mia prima vacanza studio a Londra incontrai un ragazzo indiano molto carino che mi invitò in un ristorante tipico del suo paese. La prima cosa che mi insegnò è che i piatti indiani si mangiano con le mani, usando il naan, cioè il pane, come se fosse una presina per afferrare il cibo. Fu una cena davvero deliziosa e da allora sono diventata una grande cultrice di quella cucina e in particolare di quel pane, morbido e un po' elastico. I tempi di Londra però sono passati e adesso nel ristorante di Milano mangio con la forchetta come tutti gli altri, anche se qualche scarpetta ancora me la concedo volentieri.

Per 4-6 persone: 300 g di farina • ½ bustina di lievito di birra granulare • 3 cucchiai di olio extravergine • 1 vasetto di yogurt bianco intero • 250 g di Philadelphia • sale

Mescolare la farina con il lievito e il sale, unire l'olio, lo yogurt e, poco per volta, un po' di acqua tiepida. Impastare con le mani e aggiungere acqua fino a ottenere un panetto omogeneo e molto morbido. Una volta raggiunta la consistenza desiderata, continuare a impastare per una decina di minuti in modo che il lievito incominci ad agire. Lasciare riposare coperto da un canovaccio per almeno un'ora. Quando è lievitato per bene, dividere l'impasto in 5 parti. Aiutandosi con un po' di farina, stendere ogni pezzo con il mattarello in un disco sottile. Mettere al centro del disco una grossa cucchiaiata di Philadelphia (circa 50 g), richiudere il disco su se stesso ripiegando le estremità verso il centro in modo da coprire perfettamente il formaggio e creare un disco molto più piccolo e farcito. Infarinare leggermente e ripassare delicatamente il mattarello sul disco allargandolo e assottigliandolo, stando attenti a non romperlo e a non fare uscire il ripieno. Ungere leggermente una padella antiaderente, cuocere un cheese naan per volta, 2 minuti per lato, con il coperchio in modo che si gonfi. Portare a tavola e mangiare tiepido.

POLLO CON SALSA ALLO YOGURT

Il curry è un mix di spezie macinate e tostate a seconda dei gusti e delle tradizioni familiari. Il bello di questa ricetta è che non utilizza il curry che si trova già pronto al supermercato, ma mescola i vari aromi per creare un sapore completamente originale. In questo modo ognuno potrà creare il curry perfetto per il suo palato.

Per 4 persone: 1 petto di pollo • 300 g di riso basmati. *Per il curry:* 1 cucchiaio di paprica • 2 cucchiai di cumino • ½ cucchiaio di cannella • ½ cucchiaio di prezzemolo secco

• pepe. *Per la marinata:* 1 bicchiere di yogurt bianco • ½ limone • 1 radice di zenzero • 1 spicchio d'aglio • sale e pepe

Mescolare in un padellino antiaderente tutte le spezie del curry (si trovano facilmente al supermercato). Farle scaldare a fuoco dolce per un paio di minuti, tanto da far sprigionare tutti gli aromi. In una pirofila da forno versare lo yogurt, mescolarlo con il curry appena preparato, aggiungere il limone, lo zenzero sbucciato e grattugiato, sale e pepe. Tagliare il pollo a pezzetti abbastanza piccoli. Unirli alla salsa di yogurt e curry dentro la pirofila e mescolare bene. Aggiungere anche lo spicchio d'aglio diviso in 2 o 3 parti. Lasciare riposare il pollo nel frigorifero anche per una notte intera. A volte io però lo faccio marinare appena 10 minuti perché ho fretta. Viene saporito lo stesso. Cuocere in forno ventilato a 180° per circa 20 minuti. A fine cottura far dorare la superficie con il grill. È normale che il sugo fatto di yogurt lasci un po' di siero sul fondo. Durante la cottura si asciugherà. Servire accompagnato da riso bollito.

GELATO AL PISTACCHIO

Quando vado nel mio ristorante indiano preferito, mi conservo sempre un posticino... per il gelato al pistacchio. È squisito, cremoso, profumato e deliziosamente verde! Quando ho provato questa ricetta a casa, Matilde, la mia critica più severa, ha promosso il piatto ma non ha gradito sentire sotto i denti la granella di pistacchi. Se la pensate come lei, lasciate in infusione latte e granella per un'oretta e poi filtrate il latte prima di continuare. In questo caso non è necessario eliminare la pellicina ai pistacchi!

250 g di latte • 75 g di zucchero • 100 ml di panna fresca • 1 tuorlo • 70 g di pistacchi sgusciati non salati • 1 bustina di vanillina

Buttare i pistacchi nell'acqua bollente per 30 secondi, scolarli e torgliere la pellicina. Tritarli nel mixer e unirli al latte in un pentolino. Fare scaldare senza portare a bollore. Sbattere il tuorlo d'uovo con lo zucchero fino a che non sarà bianco e spumoso. Io lo faccio direttamente in un pentolino. Togliere il latte dal fuoco e versarlo nel pentolino con l'uovo sbattuto, mescolando continuamente. Aggiungere la vanillina e cuocere a fuoco dolce fino a che la crema non si sarà leggermente addensata. Lasciarla raffreddare in una ciotola, montare la panna e unirla al composto. Mettere il tutto in una forma da plum-cake. Lasciare raffreddare in freezer una notte. Prima di servire, tirarlo fuori e farlo riposare a temperatura ambiente per 10-15 minuti. Presentare il gelato a fette spesse un dito.

CENETTA DI PESCE CHE COSTA POCO

Perché spendere tanto quando si può evitarlo? Questo è un menù di pesce squisito che vi farà fare una gran figura in maniera intelligente. Per preparare i crostini andranno benissimo le vongole surgelate, mentre il risotto si cucinerà con pesci poveri ma molto saporiti. Insomma alla fine si tratta di piatti davvero originali! Non certo il classico spaghettino allo scoglio, tanto buono ma che tutti hanno già mangiato almeno un milione di volte.

CHEESE NAAN P. 81

CROSTINI ALLE VONGOLE

I crostini alle vongole sono tipici della Romagna. A Riccione le vongoline piccole si chiamano "poveracce", un nome poco lusinghiero per un sapore in realtà davvero principesco!

Per 4-6 persone: 1 busta di vongole surgelate • 3 spicchi d'aglio • 1 baguette • 1 pizzico di peperoncino • olio extravergine

Rosolare l'aglio sbucciato e schiacciato con l'olio e il peperoncino, inclinando bene la padella in modo che risulti totalmente immerso. Aggiungere le vongole: anche se sono ancora surgelate va bene lo stesso. Lasciarle sgelare a fuoco dolce, poi alzare la fiamma e fare asciugare un po' l'acqua di cottura. Abbrustolire nel tostapane le fettine di pane ricavate dalla baguette. Non devono essere troppo sottili. Nel frattempo saranno pronte anche le vongole, che non devono cuocere molto (seguire le indicazioni sulla confezione). Condire ogni crostino con una bella cucchiaiata ricca di vongole e un po' di sughetto. Portare a tavola ancora calde su un bel tagliere.

Se avete comprato le vongole fresche... ecco a voi una variante!

Per 4-6 persone: ½ kg di vongoline fresche • 1 spicchio d'aglio • 1 bicchiere di vino bianco • olio extravergine

Spurgare le vongole, cioè lasciarle riposare in una ciotola piena di acqua fresca e un po' di sale per almeno mezz'ora. Al momento di cucinarle, soffriggere l'aglio con poco olio, aggiungere le vongole, sfumare con il vino e cuocere per circa 5 minuti con il coperchio, poi spegnere il fuoco e sgusciare tutte le vongoline. Aggiungerne una cucchiaiata su ogni crostino tostato.

RISOTTO DI MARE NASCOSTO

Occhio al risotto! Vi costringerà a seguirne la cottura, senza poter stare accanto ai vostri ospiti. Un piccolo prezzo da pagare per gustare un piatto delizioso. Si tratta di un risotto rosso in cui il gusto del pesce è intensissimo... ma il pesce non si vede perché è stato usato solo per fare un saporitissimo brodo. Ricetta dei vecchi pescatori della Romagna, tramandata da un ristorante di Milano Marittima. Dopo averlo assaggiato non ho resistito alla tentazione di farmi invitare in cucina per scoprire dov'era il segreto. Grazie a Stefano Bartolini per avermelo confidato!

Per 4 persone: 400 g di riso • 1 cipolla • 1 pizzico di peperoncino • olio extravergine • sale. *Per il brodo:* 1 gallinella • 3 triglie • 1 piccolo polpo (oppure 1 seppia o 1 moscardino) • 5 canocchie (o pannocchie) • qualche testa di gambero • 1 carota • 1 costa di sedano • 1 cipolla • 1 bottiglia di passata di pomodoro (circa 750 ml). Niente sale mi raccomando!

Mettere tutti gli ingredienti per il brodo, compresa l'intera bottiglia di passata di pomodoro, in una pentola grande. Unire 2 litri di acqua e fare cuocere per circa 2 ore, senza aggiungere sale. Una volta che il brodo è pronto, affettare la cipolla, rosolarla in un tegame con un po' di olio, aggiungere il riso e farlo tostare. A questo punto, salare il riso e incominciare a sfumare con il brodo. Mettere un colino a maglie fitte sul tegame del risotto, in modo che ogni cucchiaiata di brodo prima di finire nel riso venga ben filtrata e non contenga lische, spine o squame. Condire il riso con il peperoncino. Continuare a bagnare con il brodo fino a che il riso non sarà a cottura. Meglio tenerlo ben all'onda, cioè leggermente brodoso. Servirlo semplicemente così, senza nemmeno l'aggiunta del prezzemolo. Il suo gusto ricchissimo riuscirà a conquistare tutti.

CROCCHETTE DI ROSA

Alzi la mano chi sa resistere al fritto. Io no di sicuro! Questo piatto però ha un trucco: sembra fritto, ma in realtà è cotto al forno. Un particolare che semplificherà moltissimo la preparazione della vostra cenetta e vi aiuterà a mantenervi in forma. La mia amica Rosa ha inventato queste crocchette per i suoi bimbi, io invece le cucino anche quando ho ospiti, ma devo stare molto attenta e difenderle fino all'ultimo dalle grinfie golose dei miei figli Matilde, Eleonora e Diego.

Per 4 persone: 300 g di filetti di merluzzo • 200 g di gamberetti freschi sgusciati • 1 uovo • 3 cucchiai di grana • pangrattato • 1 radice di zenzero (oppure zenzero in polvere) • prezzemolo • succo di ½ limone • olio extravergine • sale

Togliere le spine dalla polpa di merluzzo. Mettere nel frullatore il merluzzo, i gamberetti, l'uovo, il grana, un cucchiaino di zenzero grattugiato, il succo di limone, un po' d'olio, il prezzemolo e tritare bene in modo da ottenere un impasto sodo. Formare delle crocchette grandi come una cucchiaiata, impanarle nel pangrattato e adagiarle in una teglia foderata di carta da forno. Condirle con altro olio e passarle in forno ventilato a 180° per circa 20 minuti. A metà cottura girare le crocchette. Servirle calde.

CROSTATA NUTELLA E RICOTTA

Il titolo basta già a rendere la golosità di questa crostata che può diventare ancora più facile utilizzando la pasta frolla già pronta. Abbinate il dolce a una bella ciotola piena di frutta fresca da sistemare al centro della tavola per avere un dessert ricco e completo.

Per la pasta frolla: 150 g di farina • 80 g di burro • 60 g di zucchero • 1 uovo • sale • vanillina. *Per la crema:* 1 vasetto di Nutella • 400 g di ricotta • 1 cucchiaio di zucchero • cacao amaro

Per fare la frolla mettere in una ciotola la farina con il burro freddo tagliato a dadini. Lavorarlo con la punta delle dita velocemente fino a ottenere delle briciole, aggiungere zucchero, uovo, sale e vanillina e lavorare ancora l'impasto delicatamente e rapidamente. A questo punto aggiungere un cucchiaio di farina e con la punta delle dita unire l'impasto in una palla. Avvolgere la palla nella pellicola per alimenti e lasciarla riposare in freezer per 15 minuti circa finché non si sarà indurita. Stendere con il mattarello l'impasto tra 2 fogli di carta da forno, così non si appiccica, poi sistemarlo in una tortiera lasciando il foglio di carta da forno sulla base. Spalmare di Nutella. Mescolare la ricotta con lo zucchero fino ad avere una crema e distribuirla sulla Nutella creando un nuovo strato. Cuocere in forno a 180° per 45 minuti. Lasciare raffreddare e servire spolverizzata con cacao amaro.

CENA DI PESCE UN PO' PIÙ COSTOSA

Quando invito ospiti a cena, spesso mi oriento su una cenetta di pesce. Nella routine di tutti i giorni il pesce lo cucino abbastanza poco, anche perché Fabio non lo ama particolarmente e trova tutte le scuse per cambiare programma e andare a mangiare fuori! Nel-

le occasioni speciali invece mi piace sbizzarrirmi e il povero Fabio, in trappola, si deve adattare!

CAPESANTE GRATINATE CON CREMA DI CARCIOFI

Le capesante a casa le mangio solo io, anzi ne vado ghiotta. La prima volta che ho provato questo piatto però non avevo ospiti a cena, così dopo essermene mangiata ben 3... mi sono arresa e ho portato quelle rimaste a Matteo e Giulia, una giovane coppia di amici che abitano al piano di sopra e che hanno colto l'occasione per stappare una bottiglia di champagne.

Per 4-6 persone: 6 capesante con il guscio • 6 carciofi • 1 spicchio d'aglio • 1 ciuffo di prezzemolo • pangrattato • grana • olio extravergine • sale e pepe

Pulire i carciofi, tagliarli in 4 e riporli in un tegame con due dita d'acqua, uno spicchio d'aglio, il prezzemolo e un po' di sale. Lasciarli cuocere per circa 20 minuti fino a che non saranno morbidissimi. Trasferirli nel frullatore e ridurli in una purea non troppo densa. Io di solito aggiungo anche l'acqua di cottura avanzata in modo da ottenere la consistenza giusta. Staccare i molluschi dalle conchiglie delicatamente, usando un coltellino. Sciacquare molluschi e conchiglie. Ungere un padellino con poco olio e fare rosolare le capesante 2 minuti per lato, poi salare leggermente. Distribuire in ogni conchiglia una abbondante cucchiaiata di crema di carciofi e adagiarvi sopra una capasanta rosolata. Spolverizzare con pangrattato, grana e un filo d'olio. Passare in forno funzione grill a 180° per circa 5 minuti fino a che la superficie delle conchiglie diventerà dorata.

CAPESANTE GRATINATE CON CREMA DI CARCIOFI

P. 90

ORECCHIETTE CON BROCCOLETTI E SEPPIOLINE

Le orecchiette coi broccoli sono già buone senza l'aggiunta d'altro, ma unite agli anelli di seppiolina morbida e saporita sono davvero eccezionali! Grazie a Duilio, che invitandomi alla sua super festa di compleanno mi ha dato l'ispirazione per questo piatto.

Per 6 persone: 500 g di orecchiette • 3 spicchi d'aglio • 1 pizzico di peperoncino • 1 busta di broccoli surgelati (o 1 broccolo fresco piccolo) • 6-8 seppie piccole già pulite • 1 cucchiaino di concentrato di pomodoro • olio extravergine • sale

Soffriggere l'aglio spellato e leggermente schiacciato con una buona dose di olio e un po' di peperoncino. Inclinare bene la padella in modo che l'aglio resti completamente sommerso. Tagliare le seppioline a strisce lasciando intatto il ciuffetto di tentacoli. Eliminare l'aglio, aggiungere le seppie e farle cuocere pochissimo, non più di un minuto, giusto il tempo che diventino bianche. Salare, poi spegnere il fuoco. Nel frattempo lessare insieme le orecchiette e i broccoli (se sono freschi, prima divideteli in cimette piccole). Tenere da parte un po' di acqua di cottura e scolare. Versare in padella il concentrato di pomodoro, le orecchiette e i broccoli, aggiungere un po' di acqua di cottura e fare saltare il tutto brevemente in modo che il pomodoro colori leggermente il sugo e il tutto si mantechi e insaporisca.

GAMBERONI IN CROSTA DI BASILICO

Quando si organizza una cena spesso capita che gli invitati arrivati al secondo non abbiano più tanta fame... Presentare

loro una fetta d'arrosto o una bistecca finirebbe per metterli in imbarazzo. Meglio orientarsi dunque su qualcosa di davvero piccolo e sfizioso come questi gamberoni ricoperti con una panatura croccante aromatizzata al basilico.

Per 4-6 persone: 7 gamberoni • 1 manciata di foglie di basilico • 1 pagnotta (meglio se secca) • 1 albume. *Per la salsa:* 170 g di yogurt magro • 1 cucchiaio di capperi • 4-5 pomodorini ciliegino • olio extravergine • sale

Togliere il carapace ai gamberoni lasciando testa e coda. Tritare la pagnotta con il basilico. Sbattere leggermente l'albume passare la coda dei gamberoni prima nell'albume poi nella panatura, avendo cura di schiacciare bene bene per farle aderire. Posizionare i gamberoni su una placca foderata di carta da forno, condire con poco olio e passare nel forno ventilato a 180° per circa 10 minuti. Mentre i crostacei cuociono, mescolare lo yogurt ai capperi sminuzzati con il coltello, aggiungere olio, sale e i pomodorini tagliati a dadini. Servire con una cucchiaiata di salsa a parte.

BACI DI DAMA

Preparare i baci di dama dà grande soddisfazione. Quando unisci le due metà con in mezzo il cioccolato ti senti quasi un pasticcere vero! Peccato che, la prima volta che li ho preparati, ho esagerato un po' con le dimensioni e così al momento di unire le due metà, praticamente mi sembrava di aver fatto un hamburger! Dunque attenzione. Le palline da cuocere in forno devono essere piccolissime perché durante la cottura raddoppiano di volume. Ricordatevi che i baci più sono minuscoli più sono raffinati.

Per 6 persone: 100 g di mandorle • 100 g di nocciole • 200 g di zucchero • 200 g di farina • 1 pizzico di sale • 200 g di burro • 2 tuorli • 100 g di cioccolato fondente

Passare in forno a 200° le mandorle per circa 10 minuti. Tritarle insieme alle nocciole e allo zucchero, aggiungendo poi la farina e il sale. Incorporare il burro freddo tagliato a pezzi e continuare a tritare, fino a ottenere un composto bricioloso. Unire i tuorli e tritare ancora finché l'impasto non diventerà simile alla pasta frolla. Fare delle palline piccolissime (grandi come una nocciola) e sistemarle distanziate tra loro su una placca foderata di carta da forno. Cuocere a 180° per circa 10 minuti. Non toccare fino a che non si saranno raffreddati. Fondere intanto a bagnomaria il cioccolato (cioè immergendo il tegamino in uno più grande pieno di acqua bollente). Spalmarlo su una metà del bacio di dama e unirci la seconda parte, come se fosse un piccolo panino. Continuare fino a esaurimento degli ingredienti.
Per una cottura perfetta dei biscotti vedere l'introduzione alla ricetta di p. 262.

CENA PERFETTINA PER SUOCERE, CAPIUFFICIO E AMICHE CRITICONE

Ci sono quelle cene un po' particolari in cui si ha sempre paura di sbagliare! Può essere il primo invito alla futura suocera, una cena formale con il capo oppure la sera-

tina che tutti gli anni si deve organizzare con quel gruppetto di amiche che adorano criticare ogni cosa. Meglio allora orientarsi su un menù classico che sicuramente piacerà a tutti e che non può fare scherzi. Attenzione però a non scadere nella banalità... anche quello è un difetto che può essere aspramente criticato! Per questo il risotto è giallo, ma sopra ci sono gli anelli di porro croccanti, il pollo è racchiuso in una deliziosa pasta sfoglia e la torta di mele è ricoperta da un crumble molto inglese!

QUICHE MORBIDISSIMA DI ZUCCHINE

Il segreto di questa torta di verdura sta nel tuorlo d'uovo con la panna. La loro unione crea una farcia di una morbidezza e di un gusto davvero deliziosi; le zucchine dolcemente rosolate insieme allo scalogno fanno il resto! Magari uno guardandola pensa: "Uffa, la solita torta salata!". Poi però quando la assaggia... be', state a vedere!

1 rotolo di pasta sfoglia • 1 scalogno • 4 zucchine • 2 tuorli • 200 ml di panna fresca • 50 g di grana • olio extravergine • sale

Affettare lo scalogno sottilissimo, tagliare le zucchine a pezzetti piccoli e rosolare il tutto con poco olio e sale per 5 o 6 minuti a fuoco alto. Le zucchine devono essere abbrustolite ma ancora un po' croccanti. Trasferire le zucchine e lo scalogno in una ciotola e unire la panna, i tuorli e il grana, sbattendo bene il composto in modo da renderlo omogeneo.

FISH AND CHIPS P. 128

Stendere la pasta sfoglia in una tortiera in modo da creare un bordino tutto intorno, bucherellare la base e versare la farcia. Cuocere a 180° per 30 minuti, poi altri 5 con il calore solo sotto.

RISOTTO GIALLO AI PORRI CROCCANTI

Questo risotto è uno dei miei preferiti. Al posto della cipolla il soffritto si fa con abbondante porro, che è più burroso e delicato, ma il tocco speciale lo danno gli anelli verdi del porro, quelli che di solito si scartano. In questo caso invece bisogna infarinarli e friggerli fino a che non diventano croccanti, ma non scuri. Io ne faccio sempre un po' di più e poi me li mangio come fossero patatine. Sono deliziosi!

Per 4 persone: **300 g di riso • 2 bustine di zafferano • 4 porri • 1 bicchiere di vino bianco • 1 bicchierino di latte • 50-60 g di grana • brodo di carne o vegetale (acqua calda e dado) • farina • olio per friggere • sale**

Tagliare a rondelle le parti bianche e tenere dei porri e farle rosolare con un po' d'olio in un tegame. Aggiungere il riso, tostare e poi sfumare con il vino. Fare asciugare, salare e poi incominciare a bagnare con il brodo (io uso acqua e dado granulare) fino a che il risotto non sarà quasi a cottura. Nel frattempo tagliare a rondelle anche le parti verdi dei porri, aprirle ad anelli come si fa con le stelle filanti e poi infarinarli. Tuffarli in abbondante olio di semi bollente e friggerli finché non diventeranno croccanti. Attenzione a non farli scurire. Scolare gli anelli di porri e tenerli da parte. Completare il risotto con lo zafferano e, una volta cotto, aggiungere il latte e il grana. Mantecare bene e portare a tavola. Servire ogni porzione di riso con sopra una manciata di anelli croccanti.

POLLO IN CROSTA ALLE OLIVE

Fatto in questa maniera il pollo diventa davvero un piatto elegante, oltre che molto goloso. Qualche cucchiaiata di panna poi, prima di metterlo in forno dentro al suo guscio di sfoglia, gli dà quella cremosità in più che lo rende davvero perfetto. Occhio però a far cuocere la crosta di pasta sfoglia a sufficienza. Poter accompagnare il pollo con un bel pezzetto di crosta fragrante e impregnata di sughino, vale davvero la pena. Grazie a Emanuela Sandali, giornalista e buongustaia, per la ricetta.

Per 4 persone: 1 pollo porzionato oppure 4 cosce e 4 sovracosce • 2 rotoli di pasta sfoglia • 60 g di olive verdi • 60 g di olive nere • 1 manciata di pinoli • 1 manciata di mandorle • 1 cipolla • farina quanto basta • 2 o 3 cucchiai di panna • olio extravergine • sale

Tagliare la cipolla a fettine sottili e farla rosolare in poco olio insieme alle olive tagliate a pezzetti. Infarinare il pollo e aggiungerlo al soffritto, condire con il sale, aggiungere mandorle e pinoli e farlo cuocere per circa 40 minuti fino a che non sarà praticamente cotto e ben rosolato. A questo punto lasciarlo intiepidire e aggiungere la panna mescolando bene il sugo. Foderare con un rotolo di pasta sfoglia la pirofila da soufflé, lasciando sotto la carta da forno della confezione e aggiungere con cura i pezzi di pollo e il condimento. Coprire con la seconda sfoglia e unire i bordi alla prima facendoli combaciare con le dita. Cuocere il tutto in forno a 180° per 40 minuti finché la crosta non diventerà dorata. Se temete che scurisca troppo, dopo un po' copritela con un foglio di alluminio. Servire caldo.

TORTA DI MELE SBRICIOLATA

Questa deliziosa torta di mele è un altro dei tanti regali che mi ha fatto Francesca La Torre, truccatrice e cuoca sopraffina. Suo marito Sergio è un grandissimo appassionato di torte di mele... e come dargli torto dal momento che lo sono anch'io? Così Francesca è sempre in cerca di nuove ricette per viziare lui e un po' anche me... La torta sbriciolata è una specie di crumble che nasconde una base di pasta frolla come se fosse una crostata. Il risultato è croccante e friabile sia sopra che sotto, mentre all'interno è morbidissimo.

Per la frolla: 100 g di burro • 200 g di farina • 70 g di zucchero • 2 tuorli • 1 pizzico di sale. *Per il ripieno:* 4 mele • 1 cucchiaio di cannella • 50 g di zucchero • 1 cucchiaio di fecola di patate o maizena (ma se non l'avete, usate pure la farina normale 00). *Per il crumble (le briciole):* 100 g di farina • 100 g di burro • 50 g di zucchero

Preparare la frolla miscelando insieme la farina, lo zucchero e il sale. Unire il burro leggermente sciolto, i tuorli e impastare velocemente fino a ottenere un panetto compatto. Conservarlo in frigorifero avvolto nella pellicola per alimenti per 15-30 minuti. Sbucciare e tagliare a pezzetti le mele. Condirle con la cannella, lo zucchero e la fecola. Stendere la pasta frolla tra 2 fogli di carta da forno con il mattarello, sistemarla in una tortiera rivestita di carta da forno creando un bordino tutto intorno, bucherellarla e riempire il guscio di pasta frolla con le mele. A questo punto preparare il crumble mescolando la farina con lo zucchero e unendo il burro a pezzetti. Impastare con la punta delle dita in modo da ottenere delle grosse briciole. Distribuirle a pioggia sulle mele fino a ricoprirle completamente. Cuocere in forno a 180° per almeno 45 minuti.

CENA PER PALATI DECISI

Fosse per me io metterei acciughine e alici anche nel pane tostato a colazione... In questo menù non mi sono trattenuta e ho organizzato un pranzetto dal gusto intenso e dal prezzo molto contenuto.

QUICHE MOZZARELLA E ALICI

Mozzarella e alici è un matrimonio davvero fortunato: sia nei fiori di zucca che nella pizza stanno sempre bene perché l'una è morbida e dal gusto rotondo, le altre sono salate e pungenti. Il segreto per cuocere bene la pasta di questa quiche, senza che venga bagnata dalla mozzarella, è di aggiungere uno strato di pangrattato sulla base. C'è un solo problema: quando è pronta sono capace di mangiarmela tutta da sola tanto è buona...

1 rotolo di pasta sfoglia pronta • 400 g di mozzarella • alici sotto sale o sott'olio quanto basta • 1 manciata di pangrattato • 1 uovo • 1 tazzina da caffè di latte

Stendere la sfoglia in una tortiera con sotto la sua carta da forno formando un bordino tutto intorno e bucherellarla. Ricoprire con uno strato di pangrattato e distribuire la mozzarella tagliata a fette e le alici. Sbattere l'uovo con il latte e versare il composto sulla quiche. Cuocere in forno a 180° per 30 minuti, più altri 5 con il calore solo sotto. Servire calda.

SCIALATIELLI IN SALSA DI CIPOLLE

Più semplice di così! Per fare bene questo piatto basta avere una buona pasta fresca che raccolga bene il sugo e sapere stufare la cipolla con pazienza, senza farla bruciare, ma trasformandola in una specie di purea. Per questa preparazione io non uso i filetti di acciuga sott'olio ma le acciughe intere sotto sale, che si trovano sempre in barattolo al supermercato. Bisogna diliscarle e sciacquarle sotto l'acqua, ma alla fine hanno un sapore che vi ripagherà della piccola fatica.

Per 4 persone: 250 g di scialatielli (oppure bigoli o una pasta fresca lunga fatta con grano e acqua). *Per il sugo:* 1 cipolla piccola • 1 foglia d'alloro • 5 acciughe sotto sale • ½ bicchiere di vino bianco • olio extravergine • pepe

Affettare finemente la cipolla e farla rosolare a fuoco dolce in abbondante olio. Quando incomincia ad appassire, aggiungere un mestolo di acqua e continuare a stufare con il coperchio. Nel frattempo sciacquare e diliscare le acciughe. Aggiungerle al soffritto con una foglia di alloro tagliata a pezzetti e mescolare in modo che le acciughe praticamente si sciolgano. Completare la cottura sfumando con poco vino e facendo evaporare dolcemente. Spegnere il fuoco. Lessare la pasta e mantecarla in padella con il sugo di cipolle a fuoco spento. Mescolare bene in modo che la salsa si amalgami alla pasta. Deve risultare ben umida e ricca. Servire con una macinata abbondante di pepe.

TASCHE DI LONZA

La carne di maiale con i crauti sta proprio bene, se poi il cavolo invece del contorno diventa il cuore filante di una tasca

di lonza rosolata dolcemente in un intingolo aromatizzato con vino e semi di sesamo... be', il risultato è davvero celestiale! A me piace accompagnare questo secondo con una bella birra ghiacciata che, a differenza del vino, non appesantisce, disseta e stimola l'appetito: quasi una piccola Oktoberfest in famiglia.

Per 4 persone: 600 g di lonza di maiale • 1 piccolo cavolo di 300 g oppure 1 lattina di crauti già pronti • 6 filetti di acciughe sott'olio • 100 g di scamorza affumicata • ½ cipolla • 2 cucchiai di farina • rosmarino • 1 bicchiere di vino bianco • olio extravergine • 1 cucchiaio di semi di sesamo • sale e pepe

Tagliare la cipolla e soffriggerla con le acciughe e l'olio. Aggiungere il cavolo tritato grossolanamente, salare, sfumare con metà del vino e fare cuocere per 15-20 minuti con il coperchio fino a che non si sarà ammorbidito. Nel frattempo tagliare il pezzo di lonza a fette spesse almeno 2 dita. Incidere ogni fetta con un coltello ben affilato in modo da ottenere una tasca profonda (si può anche lasciare fare questa operazione al macellaio!), riempire ognuna con una fetta di scamorza e una cucchiaiata di crauti. Chiudere con uno stuzzicadenti e infarinare ogni fetta. Rosolare le fette di lonza in padella con un po' di olio e aggiungere il sesamo che si appiccicherà alla carne come una leggera panatura. Una volta rosolate le tasche, sfumare con il restante vino, salare, aggiungere il rosmarino, il pepe e fare cuocere per circa 7-8 minuti con il coperchio.

CRÈME CARAMEL

Il crème caramel è uno dei pochissimi dolci che cucina mia mamma, che non ama torte e dessert. Essendo poi la passione

RISOTTO DI MARE NASCOSTO P. 87

di mio cognato Giorgio, compare spesso nei nostri pranzi familiari. Naturalmente lo preparo anch'io almeno da 10 anni, ma solo oggi mi sono accorta che ancora non l'avevo inserito nei miei libri di cucina. Un vero delitto perché la ricetta di mia mamma è proprio eccezionale nonché facilissima. L'unica complicazione del crème caramel è il momento in cui lo si gira. Per non farlo rompere bisogna aspettare che sia completamente raffreddato. Meglio portare un po' di pazienza dunque, altrimenti ci tocca ricominciare da capo... lo dico per esperienza!

1 litro di latte • 250 g di zucchero • 4 uova • 8 tuorli • 1 stecca di vaniglia. *Per il caramello:* 50 g di zucchero

Fare bollire il latte con la stecca di vaniglia. Lasciare riposare con il coperchio per 15 minuti in modo che l'aroma della vaniglia si sprigioni del tutto. Sbattere con la frusta lo zucchero e le uova (sia quelle intere che i tuorli), poi aggiungere il latte caldo piano piano continuando a mescolare. Per preparare il caramello, scaldare lo zucchero in un pentolino con qualche cucchiaino d'acqua. Ci vorrà un po' di pazienza: prima incomincerà a sobbollire formando delle bolle bianche, che poi si scuriranno diventando ambrate e marroncine. Togliere con cautela dal fuoco e versare il caramello sulla base della forma del crème caramel. Sopra il caramello distribuire delicatamente la crema. Coprire il tutto con un foglio di stagnola con un buco nel mezzo e mettere in forno a bagnomaria (cioè immerso in un'altra teglia piena d'acqua) per un'ora circa a 180°. Far raffreddare completamente prima di girare e servire.

CENA VEGETARIANA NON VEGANA

Le cene vegetariane per uno che non è proprio pratico del genere sono un po' complicate. Se non possiamo servire né carne né pesce, cosa facciamo di secondo? Organizzare un menù separato, insalatina per i vegetariani e arrosto per gli altri è davvero poco carino... Ecco allora un'ottima occasione per sperimentare qualcosa di nuovo e lavorare di fantasia.

PEPERONI ABBRUSTOLITI...

Il mondo si divide in 2 grandi categorie... quelli che mangiano i peperoni senza problemi e quelli a cui rimangono sullo stomaco. Io per fortuna appartengo al primo gruppo e sono una vera appassionata del genere. Il modo più semplice di prepararli è proprio questo: abbrustoliti e conditi con aglio, olio e olive (se non siete vegetariani, però, 2 acciughine non sono male!). Si tengono nel frigorifero e si conservano a lungo, sempre a disposizione per un contorno o uno spuntino. Un'alternativa altrettanto saporita è condirli con i capperi e la loro salamoia: Fabio, per esempio, adora mangiarli insieme a una bella mozzarella di bufala. Un pranzo estivo perfetto.

Per 4 persone: 4 peperoni rossi e gialli • olive nere denocciolate • 3 spicchi d'aglio • 1 mazzetto di prezzemolo • olio extravergine • sale

Sistemare i peperoni su una placca e farli cuocere a 180° per circa mezz'ora, girandoli ogni tanto in modo che abbrustoliscano su tutti i lati. Lasciarli raffreddare nel forno, poi sbucciarli e tagliarli a filetti o striscioline. Prendere un contenitore o una ciotola di servizio (io la preferisco di vetro così si vede quello che c'è dentro) e alternare uno strato di peperoni con un po' di olive, sale, qualche fettina d'aglio e prezzemolo tritato, ancora peperoni e avanti così fino a esaurimento degli ingredienti. Completare con abbondante olio e tenere in frigorifero pronti per ogni occasione.

... E IN TARTARE CON I CAPPERI

***Per 4 persone:* 1 peperone rosso • 3 cucchiai di capperi in salamoia • 1 mozzarella di bufala • olio extravergine • aglio**

Tagliare il peperone a dadini molto piccoli, come se fossero dei coriandoli. Soffriggere l'aglio con l'olio in una padella, aggiungere i peperoni e i capperi con metà della salamoia in cui erano conservati. Fare cuocere per circa 10 minuti, in modo che i peperoni si ammorbidiscano. Mi raccomando: non aggiungere il sale! Fare intiepidire. Tagliare la mozzarella a fette spesse, disporne 1 o 2 in ogni piatto e ricoprirle con la tartare di peperoni.

FUSILLI GRATINATI CON ASPARAGI E CRESCENZA

Asparagi e formaggio cremoso sono un abbinamento perfetto. Questa pasta ha poi il merito di essere davvero veloce da preparare e molto leggera. Meglio di così...

Per 4 persone: 250 g di fusilli • 200 g di crescenza • 50 ml di latte • 250 g di asparagi • grana • burro • olio extravergine • sale

Cuocere gli asparagi in acqua salata, scolarli e nella stessa acqua fare lessare i fusilli. Frullare la crescenza con il latte. Se rimane troppo compatta aggiungere un poco di latte in più per ottenere una crema comunque abbastanza densa. Tagliare a tocchetti piccoli i gambi degli asparagi e conservare intere le punte. Scolare la pasta, mescolarla con i gambi tagliati a pezzetti e condire con un po' di olio. Distribuire il tutto in una pirofila da forno, versare sopra la crema di crescenza in modo che ricopra la pasta abbondantemente, completare con le punte di asparagi, tanto grana e qualche fiocchetto di burro. Fare gratinare in forno fino a che la superficie non diventerà croccante.

HAMBURGER DI CECI

Ho fatto diversi esperimenti prima di mettere a punto questa ricettina. Il rischio con gli hamburger di ceci è di ottenere una polpetta dura e farinosa... simile alle formine di sabbia con cui giocano i bambini in spiaggia! Prospettiva ben poco allettante! Questa preparazione invece rimane morbida e saporita, tanto che spesso, se avanza qualche hamburger, io il giorno dopo me lo mangio freddo direttamente dal frigorifero!

Per 4 persone: 500 g di ceci in lattina • 2 fette di pancarrè • 1 scalogno • 2 cucchiaini di senape • 2 uova • 1 mazzetto di prezzemolo • 1 pizzico di zenzero in polvere • sale

Scolare i ceci, metterli nel mixer con tutti gli altri ingredienti e frullare fino a ottenere un impasto non perfettamente omogeneo ma un po' granuloso. Formare degli hamburger e cuocerli sulla bistecchiera o su una padella antiaderente leggermente unta d'olio, fino a che non diventeranno croccanti e dorati. Basteranno pochi minuti. Si possono servire con pomodori e insalata oppure in un panino farcito con una sottiletta fusa.

TORTA 2000

Ho sempre associato la torta 2000 allo sci. È questo il dolce paradisiaco che mi ripagava di tutto il freddo e la fatica di quei giorni passati sulle piste quando ero bambina. È la specialità della pasticceria di Sauze d'Oulx, il bellissimo paesino dove la mia famiglia è sempre andata in vacanza e dove continuo ad andare anch'io con i miei figli e mio marito. Non so perché si chiami 2000, forse per le calorie, ma è meglio non pensarci! Si tratta di un golosissimo pan di Spagna al cioccolato con un ripieno meraviglioso che io suppongo sia fatto di Nutella e mascarpone... Lo suppongo, perché in realtà non sono sicura che la ricetta sia davvero questa. Si tratta di un segreto che ho interpretato a modo mio con ottimi risultati. Se volete l'originale però... vi tocca venire in Val di Susa.

180 g di cioccolato fondente • 90 g di burro • 6 uova • 130 g di zucchero • 100 g di farina • 1 bustina di lievito per dolci • 100 g di Nutella • 200 g di mascarpone • zucchero a velo

Sciogliere il cioccolato con il burro a fuoco dolcissimo. Togliere dal fuoco e unire anche lo zucchero e i tuorli d'uovo. Montare gli albumi a neve ferma. Aggiungerli alla crema di cioccolato e poi incorporare poco per volta sia la farina che il lievito, mescolando delicatamente dal basso verso l'alto per non smontare l'impasto. Versare il tutto in una tortiera (io preferisco versare l'impasto in una teglia rettangolare molto ampia 40 x 28 cm). Cuocere a 160° per 20-30 minuti, poi fare raffreddare la torta e tagliarla a metà per aggiungere la farcitura ottenuta mescolando semplicemente la Nutella con il mascarpone fino ad avere una bella crema vellutata. Una volta che la torta è farcita, tenerla in frigorifero e servirla ricoperta di zucchero a velo.

CENA VEGETARIANA 2

Se invitate i vostri amici vegetariani 2 volte di fila... non potete mica fargli sempre lo stesso menù!

PINZIMONIO E INSALATA DI POMODORI CON TZATZIKI

Questo piatto mi è stato suggerito da Gabriella Simoni, storica inviata di Studio Aperto nonché mia cara amica. La ricetta in realtà arriva da Giovanna ma Gabriella, come in altre fortunate occasioni, mi ha fatto da tramite! Si tratta di una salsa davvero fresca e leggera tipica della cucina greca. A proposito, si legge "zazichi"!

Per 4 persone: 200 g di pomodori • 1 manciata di olive nere • 1 cipollotto • verdure da pinzimonio a piacere (sedano, finocchio, peperone, carota) • olio extravergine • sale. *Per la salsa:* 1 yogurt greco (170 g circa) • 1 cetriolo medio • 1 cucchiaino di aceto • 1 cucchiaio di succo di limone • 1 spicchio d'aglio • olio extravergine • sale

FAVE E PISELLI
P. 112

Sbucciare il cetriolo e grattugiarlo con la grattugia a fori grossi. Mescolarlo con lo yogurt in una ciotola e condirlo con il sale, l'aceto, il limone e l'olio. Completare con il succo dell'aglio ottenuto schiacciandolo nell'apposito strumento. In alternativa si può usare lo schiacciapatate o tritarlo finemente. Preparare l'insalata affettando i pomodori e unendo il cipollotto tagliato fine e le olive, un po' d'olio e di sale. Guarnire il piatto con piccole cucchiaiate di salsa. Presentare lo tzatziki in una ciotola e le verdure pulite a parte da intingere nella salsa.

SPAGHETTI ALLA CHITARRA CON PÂTÉ D'OLIVE E POMODORO

Questo piatto mi ricorda tanto i primi anni in cui io e Fabio vivevamo insieme e ci preparavamo romantici tête-à-tête. Mi ricordo che ci era presa la passione per gli spaghetti alla chitarra, che con questo condimento sono perfetti. All'epoca, quando facevo la pasta ne "buttavo" 150 g appena. Oggi la nostra famiglia è talmente aumentata che a malapena mi basta una confezione intera!

***Per 4 persone:* 250 g di spaghetti alla chitarra freschi • 3 cucchiai di pâté d'olive • 1 lattina di pomodorini pelati (400 g circa) • 1 cipolla • 1 pizzico di peperoncino • olio extravergine • basilico • sale**

Affettare sottilmente la cipolla, rosolarla con poco olio, aggiungere il pâté d'olive, i pelati, il peperoncino e poco sale. Lasciare cuocere il tempo in cui lessa la pasta. Scolare gli spaghetti e saltarli nella padella con il sugo, aggiungendo un po' di acqua di cottura. Servire con basilico fresco tagliato a pezzetti.

FAVE, PISELLI E UOVA IN CAMICIA

Fave e piselli sembrano un piatto banale e invece provate ad abbinare questi due dolcissimi legumi in una padellata con un leggero soffritto e vi si aprirà un mondo! Certo, se avrete la pazienza di usare le verdure fresche... il risultato sarà addirittura paradisiaco, ma anche se sceglierete quelle surgelate non ve ne pentirete. Grazie alla mia amica Rosa Prinzivalli che mi ha fatto conoscere questo piatto tipicamente siciliano. Se l'uovo in camicia vi sembra troppo complicato, servitelo con un semplice uovo al tegamino. Sarà delizioso lo stesso. Io li mangio senza aggiungere altro mentre Fabio preferisce abbinarci una mozzarella... ma a pensarci bene lui abbina tutto con la mozzarella!

Per 4 persone: 500 g di piselli • 600 g di fave da sgranare • 1 cipolla piccola • 1 misurino di dado granulare di carne • 4 uova (1 per ogni commensale) • 1 cucchiaio di aceto bianco • olio extravergine • sale

Rosolare la cipolla tagliata ad anelli sottili, poi unire le fave sgranate e i piselli. Alle fave sarebbe meglio togliere anche la pellicina (se volete, però, potete preparare questo piatto anche con fave e piselli surgelati e quindi già sgranati). Aggiungere mezzo bicchiere d'acqua, il sale e il dado granulare. Fare cuocere per circa 20 minuti fino a che le verdure non saranno tenere. Se si usano quelle surgelate, meglio mettere prima le fave e dopo 10 minuti aggiungere i piselli. Una volta pronte le verdure, preparare le uova in camicia. Portare a leggerissimo bollore un pentolino d'acqua, versarvi un cucchiaio di aceto e una presa di sale. Rompere in una ciotola un uovo e farlo scivolare dolcemente nell'acqua, raccogliendo con un cucchiaio l'albume intorno al tuorlo man mano che si solidifica. Fare cuocere per 3 minuti. Distribuire 2 cucchiaiate di legumi in un piatto e sistemarci sopra delicatamente l'uovo in camicia. In alternativa, presentare fave e piselli in una ciotola e lasciare che gli ospiti abbinino formaggi o uova a loro piacimento.

TORTA DI AMARETTI E PESCHE

In Piemonte le pesche ripiene con gli amaretti sono un dessert classico e molto apprezzato. Questa torta ricorda molto il sapore delizioso di quel dolce, in più è leggera perché non ha né olio né burro, ma rimane comunque morbidissima. L'ho portata in campagna per il compleanno di mio fratello Roberto che per l'occasione organizza sempre una mega grigliata. Peccato che non sia sopravvissuta nemmeno all'arrivo dei primi ospiti per cena. A merenda era già stata spazzolata tutta!

150 g di zucchero • 100 g di farina • 100 g di amaretti • 100 g di mandorle dolci • 1 kg di pesche • 3 uova • 1 limone • 1 cucchiaino di lievito per dolci

Sbattere i tuorli con lo zucchero. Unire la farina e il lievito mescolando bene. Tritare gli amaretti nel mixer e unirli all'impasto. Montare a neve gli albumi e aggiungere anche questi, mescolando delicatamente dal basso verso l'alto per non smontare il composto. Versare il tutto in una teglia. Sbucciare le pesche e tagliarle a fettine. Distribuirle sulla torta in maniera decorativa, facendole sprofondare leggermente. Per finire, spolverizzare la torta con le mandorle tritate. Cuocere in forno a 180° per 45 minuti.

CENA DAVANTI AL CAMINO

La cena davanti al camino è il tipico pasto invernale che si consuma mentre fuori ci sono 3 gradi sotto zero e tu sei seduto comodamente davanti a una tavola imbandita di piatti ricchi e saporiti, sorseggiando un delizioso bicchiere di vino rosso senza pensare troppo alle calorie... Dipinto così, l'inverno appare come la stagione più bella dell'anno.

CIAMBELLA RUSTICA

Il bello di questa ciambella salata è che può essere anche un bellissimo centrotavola commestibile. Basta sistemarla su un'alzatina già tagliata a fette, mettere al centro del buco un piccolo decoro e porre il tutto in mezzo al tavolo. Ricordatevi soltanto di invitare gli ospiti a mangiarla, altrimenti nessuno oserà mai distruggere per primo il vostro capolavoro.

Per 4-6 persone: 100 g di prosciutto cotto • 50 g circa di groviera • 1 vasetto di yogurt bianco. *Usando il vasetto come dosatore:* 1 vasetto colmo di grana • 3 vasetti di farina • ½ vasetto di olio di semi • 3 uova • 1 bustina di lievito per torte salate • sale • burro e pangrattato per la teglia

Mescolare insieme lo yogurt, il grana, la farina, il lievito e le uova. Aggiungere all'impasto anche il sale e l'olio e amalgamare ancora. Tagliare a pezzetti il prosciutto e incorporarlo al re-

sto. Grattugiare il groviera con la grattugia a fori grossi e unire anch'esso al composto. Lasciare riposare coperto da un canovaccio per circa 40 minuti. Imburrare una forma da ciambella e spolverizzarla con il pangrattato. Versare l'impasto (non sarà cresciuto molto) e cuocerlo in forno a 180° per 30-40 minuti. Servire la ciambella con al centro delle fette di prosciutto.
Ps: si può unire all'impasto tutto quello che si ha nel frigorifero: würstel, salame, formaggi vari... a seconda del gusto e della disponibilità.

RISOTTO DEL SINDACO

Questo risotto si chiama così perché lo ha preparato nella mia cucina Letizia Moratti, durante la mia rubrica in tv. Il suo arrivo mi aveva messo un po' in agitazione, invece l'ex sindaco di Milano si è subito messa ai fornelli con garbo e simpatia, cucinando questo ottimo risotto che poi ha servito a tutta la troupe. La particolarità è che la cipolla viene lasciata intera e poi tolta prima di servire, in modo che lasci solo l'aroma. Le pere invece non cuociono con il risotto, ma vengono aggiunte crude a fette sul piatto da portata.

Per 4 persone: 300 g di riso • 70 g di taleggio • 70 g di crescenza • 3 sottilette • 3 pere mature • grana abbondante • 1 cipolla • vino bianco • margarina. *Per il brodo:* 2 zucchine • 2 carote • 1 cipolla • 1 costa di sedano • dado di carne

Mettere le verdure nell'acqua, unire il dado e fare cuocere il brodo per almeno 15-30 minuti. Sciogliere nel tegame del risotto la margarina. Unire la cipolla intera e sbucciata e farla rosolare brevemente. Aggiungere il riso e tostarlo per bene. Sfumare con il vino e poi incominciare ad aggiungere il brodo, mescolando continuamente. La cipolla resterà intera nel

CROSTATA NUTELLA E RICOTTA P. 88

risotto per tutta la preparazione. Verrà tolta alla fine, così lascerà solo il sapore. Arrivati quasi a cottura, aggiungere taleggio, sottilette e crescenza tagliati a pezzettini e mescolare vigorosamente. Questo risotto deve rimanere molto all'onda (cioè brodoso), perché i formaggi tendono a solidificare. Togliere dal fuoco, aggiungere il grana e mescolare ancora. Versare il risotto in un piatto da portata piano con un contorno di pere tagliate a fettine sottili che verranno servite insieme alla porzione di risotto.

TAGLIATA AI FUNGHI PORCINI

La tagliata con i funghi porcini è un piatto costoso che però fa sempre fare bella figura. Io che amo molto sia i funghi che la carne, d'inverno lo mangio spesso. È importante fare riposare la carne dopo averla cotta, altrimenti apparirà un po' sanguinolenta e quindi poco appetitosa. Dopo un quarto d'ora avvolta nella stagnola, invece, la polpa sarà rosa e perfetta... quasi irresistibile!

Per 4 persone: 6 funghi porcini piccoli • 500 g circa di entrecôte di vitellone • olio extravergine • 1 spicchio d'aglio • timo • sale grosso

Pulire i funghi con uno spazzolino per le unghie e se necessario con un panno umido. Tagliarli in senso longitudinale in modo da conservarne la forma. Soffriggere l'aglio sbucciato e schiacciato con un po' d'olio, aggiungere i funghi e farli rosolare dolcemente con il coperchio, conditi con un po' di sale e qualche fogliolina di timo, per circa 10 minuti. Scaldare una padella antiaderente, cospargerla abbondantemente di sale grosso e aggiungere poco olio. Quando è calda, sistemare la carne e cuocere per 4 minuti su ogni lato senza toccarla ulteriormente. Lasciarla riposare un quarto d'ora avvolta nella stagnola. Tagliare la carne a fette, disporle su un piatto da portata e ricoprire il tutto coi funghi e altri rametti di timo. Eventualmente si può riscaldare il piatto qualche minuto in forno.

TORTA ALLE NOCCIOLE DEL 2

Per completare una cena invernale, la torta di nocciole è perfetta. Croccante e burrosa, ideale da servire con un bel bicchiere di vino dolce e liquoroso. E poi, in questo caso, non c'è neanche bisogno di sbirciare le dosi sul ricettario: la torta del 2 è semplicissima! Sempre 200 g!

200 g di nocciole sgusciate • 200 g di burro • 200 g di zucchero • 200 g di farina • 2 uova • 50 ml di latte • 1 cucchiaino di lievito per dolci • 1 pizzico di sale • zucchero a velo

Mettere le nocciole su una teglia e tostarle in forno ventilato a 200° per circa 10 minuti. Mescolare zucchero e uova e frullare con le fruste elettriche o a mano molto energicamente. Incorporare poi il burro fuso, la farina poco per volta, il lievito, il latte e il sale e amalgamare bene il tutto. Togliere dal forno le nocciole, tritarle e unirle all'impasto. Versare in una tortiera foderata di carta da forno e cuocere a 160° per circa 30-40 minuti. Completare con zucchero a velo.

CENETTA SUL TERRAZZO

Diciamo subito che, anche se non avete un terrazzo, questo menu andrà benissimo lo stesso. Io per prima non ce l'ho, per lo meno a Milano. Ho scelto questo tito-

lo per dare l'idea del primo caldo, della primavera che avanza, di una cenetta piacevolissima nella quale si sente già il gusto irresistibile della vacanza!

POLPO TENERISSIMO CON CIPOLLE

Adoro il polpo e sono molto esigente: deve essere tenerissimo. Con questa ricetta non potrete sbagliarvi. I tentacoli saranno morbidi e molto saporiti perché il loro gusto non si sarà disperso nell'acqua e la cipolla darà al tutto un sapore molto speciale. Provatelo con il purè: una rivelazione! Grazie alla carissima Piera Oberti per la ricetta.

***Per 4 persone:* 2 polpi piccoli • 1-2 cipolle • olio extravergine • 1 rametto di timo**

Tagliare finemente la cipolla, metterla in una pentola dai bordi alti, adagiare sopra i 2 polpi puliti e lavati, coprire con il coperchio e cuocere a fuoco dolcissimo per 2 ore senza aggiungere nient'altro. I polpi e le cipolle rilasceranno l'acqua necessaria per cuocere senza bruciare. Rigirare ogni tanto e spegnere quando il sugo si sarà asciugato, tagliarli e mescolarli bene con la cipolla che sarà diventata una specie di marmellata morbida. Condire con un filo d'olio e guarnire con qualche fogliolina di timo. Ideale da servire insieme a un purè di patate.

RISOTTO ALLE ERBE

Questo risotto è un pochino elaborato, lo ammetto – infatti la ricetta arriva da Francesco Gotti, un vero chef che ringrazio di cuore – ma quanto è buono! I segreti sono 3: i legumi tritati a crudo, la deliziosa salsa al basilico e poi la pallina di ricotta che lo rende diverso da tutti gli altri risotti. Per onorarlo al massimo io l'ho preparato in una vera e propria pentola d'oro, la pentola d'oro di Baldassare Agnelli, storico produttore di tegami professionali. Mentre controllavamo il soffritto io e la mia amica Francesca non abbiamo potuto resistere dal commentare "finalmente la cipolla è davvero DORATA"! Lo so che è stupido, ma quanto abbiamo riso!

Per 4 persone: 400 g di riso • 500 g di piselli da sgranare • 600 g di fave da sgranare (tenere anche i baccelli) • 150 g di punte di asparagi • 1 cipolla • 1 bicchiere di vino bianco • 50 g di burro • 1 cucchiaio di mascarpone • grana • olio extravergine • sale. *Per la salsa al basilico:* 1 ciuffo di basilico • 50 ml di olio extravergine • ½ cucchiaino di sale grosso. *Per la pallina di ricotta:* 200 g di ricotta di pecora • sale. *Per il brodo:* 1 carota • 1 costa di sedano • 1 cipolla • qualche baccello di fave e piselli ben lavato • sale

Sgranare fave e piselli. Metterli nel mixer insieme agli asparagi e tritare fino a ottenere un insieme di piccoli pezzi. Tenere da parte i baccelli per il brodo. Preparare il brodo con gli ingredienti indicati e farlo cuocere per circa un'ora, un'ora e mezza. Rosolare la cipolla tritata con poco olio, aggiungere il riso, farlo tostare qualche minuto, poi sfumare con il vino. Aggiungere le verdure tritate, mescolare, salare e incominciare a sfumare con il brodo. Continuare a sfumare fino a che il riso non arriverà a cottura. Nel frattempo frullare il basilico con il sale grosso e l'olio in modo da ottenere una salsina simile al pesto. Mescolare la ricotta in una ciotola con poco sale fino a che non diventerà morbida. Una volta che il riso è a cottura, spegnere il fuoco, mantecare con la salsa al basilico, il burro, il mascarpone, il grana e mescolare vigorosamente per alcuni minuti. Servire il risotto nelle fondine e al centro di ogni piatto sistemare una pallina di ricotta.

CALAMARI RIPIENI DI PATATE

Mi piacciono tanto i calamari, ma spesso quelli ripieni hanno degli intingoli davvero troppo ricchi e pesanti. Questo piattino invece è molto leggero e fresco... perfetto per un secondo raffinato da consumare sul terrazzo.

Per 4 persone: **700 g di calamari puliti • 300 g di patate • 1 spicchio d'aglio • prezzemolo • 1 bicchiere di vino bianco • 1 manciata di olive nere denocciolate • scorza grattugiata di 1 limone non trattato (facoltativa) • pomodorini (facoltativo) • olio extravergine • sale e pepe**

Lessare le patate, sbucciarle e schiacciarle come per fare un purè (se volete potete anche schiacciarle semplicemente con la forchetta). Togliere i ciuffetti di tentacoli ai calamari e tritarli con un coltello. Tagliare finemente anche le olive. Rosolare in una padella l'aglio schiacciato con un po' d'olio, poi aggiungere i tentacoli con le olive e fare cuocere per pochi minuti. Mescolare bene il tutto con le patate precedentemente schiacciate e aggiustare di sale. A piacere si può aggiungere anche la scorza grattugiata di un limone. Riempire i calamari con questo ripieno. Fare attenzione a non imbottirli troppo, altrimenti durante la cottura la farcia si gonfierà e uscirà. Chiudere i calamari con uno stuzzicadenti. Rosolarli in padella con un po' d'olio per pochi minuti poi salare, pepare, sfumare con il vino e cuocere per un quarto d'ora con il coperchio. Per un risultato più colorato, dopo circa 10 minuti di cottura aggiungere una manciata di pomodorini.

TAZZINE DI FRUTTA SCIROPPATA CON PANNA

Sono cresciuta in una famiglia che non amava per niente i dolci. Antipasti, pastasciutte, carni e pesci erano apprezzatissimi, ma non ho mai visto una torta a fine cena se non in occasione delle feste comandate! L'unica golosità che compariva ogni tanto in tavola era una lattina di pesche sciroppate. Una piccola delizia dolce che faceva subito festa. In onore delle nostre vecchie abitudini familiari ho inventato questi piccoli bicchieri di frutta sciroppata, raffinati, buonissimi e un po' diversi dal solito dessert.

Per 8 pezzi: **300 g di frutti di bosco surgelati • 100 g di zucchero • 300 ml di panna • 1 pesca noce • 2 cucchiai di fecola di patate**

Fare bollire 500 ml di acqua con lo zucchero, aggiungere la frutta ancora surgelata e fare cuocere per circa 5 minuti. Togliere dal fuoco e scolare conservando il liquido di cottura nel pentolino, poi unirvi poco per volta la fecola di patate mescolando energicamente con una frusta o un cucchiaio in modo che si sciolga e non crei grumi. Rimettere sul fuoco e cuocere per altri 5 minuti dal momento del bollore, in modo che si crei uno sciroppo abbastanza denso. Distribuire i frutti di bosco nei bicchierini oppure nelle tazzine da caffè. Tagliare a dadini anche la pesca noce e riempire altre tazzine. Versare lo sciroppo della frutta a filo in ogni bicchierino e lasciare raffreddare. Una volta che i bicchierini sono raffreddati lasciarli riposare in frigorifero una notte. Lo sciroppo non si solidificherà come una gelatina ma sarà denso e molto goloso come una salsa. Prima di servire il dessert montare la panna e metterne una cucchiaiata su ogni porzione.

CROCCHETTE DI ROSA P. 88

CENETTA LIGHT PER GLI AMICI PATITI DEL FITNESS

La sfida, quando si invitano a cena amici fissati con le diete, è riuscire a farli mangiare con gusto e senza sensi di colpa! Io ho un amico in particolare che guarda con sospetto persino il più semplice dei soffritti, così mi sono fatta un piccolo bagaglio di piatti ad hoc e quando lo invito non manco mai di specificare che il tutto è stato cucinato senza olio, burro ecc. Va be', lo ammetto, ogni tanto baro un po', ma un soffrittino innocente non ha mai fatto male a nessuno.

VELLUTATA IN CROSTA CON GAMBERI

Con questo trucchetto della sfoglia potrete trasformare qualsiasi zuppa in un piatto da re. È un'idea perfetta anche per una pasta e fagioli o una minestra di verdura. Basta avere delle terrine piccole e graziose che vanno anche in forno. A me le ha regalate la mia super mamma che ancora oggi non smette di viziarmi!

Per 6 persone: 4 zucchine • 1 porro • 1 patata • 150 ml di panna fresca • 1 misurino di dado granulare di pesce o vegetale • 1 rotolo di pasta sfoglia • 4 o 8 gamberoni • 1 uovo • sale

Affettare le zucchine e il porro a rondelle, eliminando la parte verde. Sbucciare e tagliare a pezzetti la patata. Più i pezzetti di verdura saranno piccoli, più in fretta cuocerà la vostra vellutata. Mettere tutto in una pentola, coprire a filo con l'acqua, aggiungere il dado granulare, un pizzico di sale e cuocere per circa 15 minuti. Una volta che le verdure sono morbide, frullarle con il frullatore a immersione. Trasferire la vellutata in terrine che vanno anche in forno. Mettere in ogni ciotola 1 o 2 gamberoni crudi privati della testa e del carapace. Dividere la sfoglia in 4 parti. Coprire con ogni sfoglia una terrina, sigillando bene i bordi con le dita come per creare un coperchio. Spennellare con l'uovo sbattuto e cuocere in forno ventilato per circa 10 minuti a 200° fino a che la sfoglia non si sarà gonfiata per bene. Servire subito.

STRACCETTI DI POLLO CON SOIA, LIMONE E SESAMO

Questi straccetti insieme a una bella insalata farebbero la felicità di tutti i dietologi del mondo! Occhio a non esagerare con la soia, altrimenti il pollo diventerà salatissimo e immangiabile. A parte questo piccolo accorgimento, si tratta di un piattino facile facile, che vi consiglio di preparare al momento per mantenere il pollo davvero tenerissimo.

Per 4 persone: 400 g di fettine di pollo • succo di ½ limone • 4 cucchiai di salsa di soia • 3 cucchiai di semi di sesamo • olio extravergine. *Per guarnire:* 1 limone

Tagliare il pollo a striscioline. Mettere in una padella antiaderente pochissimo olio e fare rosolare il pollo. Appena si abbrustolisce un po', sfumare con il limone. Quando il succo è evaporato, unire la soia e portare a cottura. Infine completare con una manciata di semi di sesamo e farli tostare bene in modo che si attacchino al pollo. Servire subito gli straccetti guarniti con fette di limone. Mi raccomando, la cottura deve essere veloce se no il pollo diventa duro.

FINOCCHI GRATINATI

I finocchi a casa mia non vanno per la maggiore. A me piacciono, li compro, ma poi trovo sempre qualcosa di meglio da mangiare e allora dopo un po' devo trovare il modo di farli fuori, prima che decidano loro stessi di uscire volontariamente dal mio frigorifero e buttarsi nella spazzatura. Questa teglia gratinata ha il vantaggio di essere molto leggera e veloce da preparare, perché non c'è bisogno nemmeno della besciamella, basta un goccio di latte! Quando li preparo così, sono sicura che i miei finocchi avranno una vita breve ma felice!

Per 4 persone: 4 finocchi • 50 g di pangrattato • 50 g di grana • 100 ml di latte • olio extravergine • sale

Pulire i finocchi eliminando le foglie più dure, tagliarli a spicchi e lessarli in acqua salata fino a che non si saranno ammorbiditi, senza però che si disfino troppo. Ungere una pirofila e sistemare gli spicchi di finocchio ben scolati in modo da creare un unico strato. Spolverizzare abbondantemente di pangrattato e grana. Irrorare con un piccolo bicchiere di latte, un filo d'olio, un pizzico di sale e gratinare al forno a 180° funzione grill per 10 minuti fino a che la superficie non sarà ben dorata e croccante.

CREMA DI YOGURT CON FRAGOLE

Unire lo yogurt alla panna montata renderà la salsina con cui arricchire i lamponi leggermente più asprigna, ma molto gustosa e sicuramente più light.

Per 4-6 persone: 400 g di fragole • 150 g di yogurt bianco (zuccherato o no a seconda dei gusti) • 150 g di panna fresca

Frullare solo 100 g di fragole e unire la purea ottenuta allo yogurt. Se si usa quello senza zucchero si otterrà un gusto un po' più acidulo e particolare, altrimenti il dolce assomiglierà a una mousse, ma risulterà comunque leggero. Montare la panna e aggiungere anche quella mescolando dal basso verso l'alto. Mettere la crema in una ciotola e le fragole rimaste in un'altra e lasciare che gli ospiti si servano da soli. In alternativa, mettere una cucchiaiata di crema e una di fragole in ogni bicchiere e servire.

CENA DAVANTI ALLA TV

Le cene davanti alla tv sono una piacevole eccezione che rende felice tutta la famiglia. Un bel film, una partita di calcio, il festival di Sanremo sono ottime occasioni per spezzare la routine quotidiana e creare una piccola festa improvvisata. Noi siamo dei veri esperti in materia. Le regole sono poche ma ferree: niente sughi o intingoli che sporchino i divani e i tappeti. Niente forchette e coltelli che senza tavolo risultano scomodis-

simi. Niente piatti, ci si serve direttamente dal vassoio di portata, ma soprattutto... tenere ogni cosa molto lontano dal piccolo Diego o succederà un disastro!

MANDORLE SALATE

Mentre si guarda la tv ci vuole qualcosa da rosicchiare. Io amo molto le mandorle tostate e salate, soprattutto come aperitivo. Basta non esagerare... sono terribilmente buone ma altrettanto caloriche.

Per 4 persone: 100 g di mandorle sgusciate e spellate • sale

Sistemare le mandorle su una placca foderata di carta da forno e spolverizzare con il sale. Cuocere in forno ventilato a 180° per 5-10 minuti. Appena scuriscono, sono pronte.

FISH AND CHIPS

Il miglior piatto di fish and chips l'ho mangiato con Fabio a Tucson, in Arizona, in un bowling dove ci servì una cameriera con le palpebre truccate di azzurro e i capelli cotonati proprio come se fossimo finiti in una puntata di Happy Days. *Quel piattone di pesce fritto era così buono che alla fine ci dimenticammo addirittura del perché eravamo andati lì e ce ne andammo strapieni di cibo senza nemmeno giocare.*

Per 4 persone: 400 g di filetti di merluzzo diliscati (vanno benissimo quelli surgelati) • 100 g di farina • 1 uovo • 100-200 ml di birra chiara • olio di semi per friggere • sale e pepe. *Per le chips:* 1 confezione di patatine surgelate da friggere • olio di semi per friggere • sale

CUCCIOLINI

P. 130

Sbattere in una ciotola la farina con l'uovo fino ad avere un impasto a briciole. Aggiungere poco per volta la birra mescolando vigorosamente con una forchetta. Bisogna ottenere una pastella liscia ma piuttosto densa. Condire con un po' di sale. Se si sono formati dei grumi, meglio lasciare riposare per 10 minuti, poi aggiungere ancora poca birra e ricominciare a mescolare con vigore. Una volta che la pastella è pronta scaldare l'olio, immergere i filetti di merluzzo nella pastella e poi friggerli in padella per circa 5 minuti, fino a che non saranno ben dorati e croccanti. Bisogna rigirarli ogni tanto. Se il merluzzo è surgelato, prima di passarlo nella pastella bisogna sgelarlo e poi letteralmente strizzarlo come se fosse uno straccio per togliere l'acqua in eccesso. Friggere le patatine ancora surgelate in abbondante olio e salarle una volta scolate sulla carta assorbente.

CUCCIOLINI

Quanti gelati con il biscotto ho mangiato da bambina per merenda! Però non immaginavo che si potessero fare anche a casa. Invece è un gioco da ragazzi, anzi un gioco da bambini dal momento che io mi diverto un sacco a prepararli con i miei figli. È bello anche impegnarsi a ingannare il tempo in attesa che i cucciolini in freezer si solidifichino e siano pronti da mangiare. Tra l'altro, a differenza di quelli confezionati, il biscotto dei cucciolini resta croccantissimo a ogni morso! Un grosso grazie a Maria Luisa Bracchi per questa brillantissima idea!

Per 9 pezzi: 250 ml di panna fresca • 2 cucchiai di zucchero a velo (facoltativo) • 100 g di cioccolato fondente • 18 gallette tipo Oro Saiwa

Montare la panna con le fruste elettriche. Se si vuole una farcia più dolce e golosa incorporare lo zucchero a velo. Tritare a scaglie con un coltello il cioccolato oppure metterlo nel mixer. In alternativa si possono comprare le gocce di cioccolato già pronte. Unire anche il cioccolato alla panna mescolando dal basso verso l'alto. Prendere una cucchiaiata di impasto e spalmarla su una galletta. Chiudere il cucciolino ricoprendolo con un'altra galletta come se fosse un panino imbottito. Meglio abbondare con la farcia, che deve essere spessa almeno un dito. Lasciare i cucciolini in freezer per alcune ore fino a che la panna non sarà gelata. Prima di servire, lasciare riposare fuori dal freezer per qualche minuto.

Qui la questione si fa davvero seria! Natale, Capodanno, Pasqua e le altre feste comandate sono le occasioni in cui il cibo diventa il protagonista assoluto. È fonte di gioia, rispecchia il calore della casa e la generosità della cuoca! L'importante è che non si trasformi in una condanna, costringendola a cucinare 10 portate per non deludere le aspettative. Io ne so qualcosa! Negli anni però ho imparato a cavarmela limitando la fatica e i piatti troppo impegnativi. Solo noi 3 fratelli con mogli, mariti e figli siamo già in 15... senza contare i nonni. In una famiglia come questa, dunque, ogni scorciatoia per sopravvivere è lecita!

MENÙ DELLE FESTE

CENA DI MAGRO DELLA VIGILIA

La sera del 24 a casa mia si trascorre in famiglia. Solo noi 5. Una tavola semplice ma curata, una cena golosa ma leggera, preparata tutti insieme e gustata senza troppe formalità. Poi... il momento più atteso dai bambini: l'apertura dei regali.

ALICI FRITTE

Le alici fritte sono come le ciliegie. Una tira l'altra! Io le cucino spesso, non solo a Natale ma anche d'estate come aperitivo, come stuzzichino da gustare semplicemente servendosi con le mani o come piatto unico in famiglia, da abbinare a un'insalata. Un consiglio: quando le comprate, non fatevi ingannare dal fatto che siano eviscerate, assicuratevi che siano anche già diliscate!

Per 4-6 persone: 300 g di alici fresche diliscate • 1 ciuffo di prezzemolo • 1-2 cucchiai di grana • 100 g di pangrattato • 1 uovo • 1 litro di olio per friggere • sale

In una ciotola mescolare il pangrattato con il grana, il prezzemolo tritato e un pizzico di sale. Passare le alici aperte a libro prima nell'uovo sbattuto poi nella panatura, schiacciando in modo che si impregnino bene. Friggere in olio bollente per pochissimi minuti e servire subito.

LASAGNETTE DI GAMBERONI

Questo è uno di quei piatti furbissimi che si possono creare con la pasta per le lasagne già pronta. Fa molta scena e si prepara in un attimo. È una soluzione perfetta anche quando avanzano in frigorifero solo un paio di sfoglie e non si sa che cosa farsene!

Per 4 persone: **2 sfoglie fresche per lasagne • 12 gamberoni • 2 manciate di grana o pecorino • prezzemolo • 1 cucchiaino di dado granulare vegetale o di pesce • olio extravergine • sale e pepe**

Sgusciare i gamberoni e togliere la testa. Tagliare ogni sfoglia in 5 quadrati. Mi raccomando, conservate le sfoglie chiuse nella confezione fino all'ultimo perché devono risultare morbide e, se sono secche, non si riesce ad arrotolarle. Prendere un quadratino di sfoglia, metterci sopra un gamberone e avvolgerlo come un involtino, lasciando che la coda sbuchi un po' fuori. Procedere nella stessa maniera con gli altri, avvolgendoli uno a uno e sistemandoli molto vicini in una teglia in modo che rimangano ben chiusi. Sciogliere in mezzo bicchiere di acqua tiepida il dado granulare. Bagnare le lasagnette con 5-6 cucchiaiate di brodo, completare con il grana o il pecorino, una macinata di pepe, il prezzemolo e un filo d'olio. Passare nel forno ventilato a 180-200° per circa 10 minuti, fino a che la superficie non sarà ben gratinata. Servire subito.

ORATA NASCOSTA

Evviva la praticità! Con questo piatto si risolve il secondo e il contorno in un colpo solo e il risultato è eccellente e leggero. Le patate tagliate sottili sottili e cotte insieme al pesce sono fenomenali, quasi più buone dell'orata stessa. Naturalmente potete anche sceglìete i filetti di branzino, l'importante è che il pesce sia già sfilettato e senza spine, pronto da mangiare, come una bistecca. È un particolare che apprezzo moltissimo, visto che quando cucino il pesce intero a casa l'unica in grado di pulirlo sono io! Grazie alla mia super amica Rosa Prinzivalli per i preziosi suggerimenti.

Per 4-6 persone: 6 filetti di orata • 2 patate • 2 zucchine • 5 pomodori pachino • pangrattato • grana • basilico • olio extravergine • sale

Con una pinzetta togliere le spine che sono rimaste nel mezzo della polpa dei filetti di orata. Foderare una teglia con carta da forno, ungerla d'olio e sistemare i filetti di orata ben vicini tra loro. Sbucciare le patate e tagliarle a rondelle molto sottili. Disporle tutte intorno al pesce un po' sovrapposte tra loro. Tagliare a rondelle anche le zucchine. Salare leggermente il pesce e poi ricoprirlo con le zucchine. Completare con qualche pomodorino tagliato a metà, salare le verdure e spolverizzare con una manciata di pangrattato e una di grana. Condire il tutto con un po' d'olio per favorire la gratinatura e cuocere in forno ventilato a 180° per 20 minuti al massimo. Completare con qualche foglia di basilico una volta che la teglia è uscita dal forno.

PANDORO CON SALSA AL CIOCCOLATO

A Natale è inutile esibirsi in dolci e dolcetti. Il pandoro o il panettone sono una istituzione che non si può tradire. È invece una bella idea presentarli con qualche salsa golosa, in cui af-

fogare senza pietà ogni singola fetta. La salsa al cioccolato è in assoluto la più semplice che si possa servire.

Il pandoro (o il panettone) si compra... ***Per la salsa:*** **200 g di cioccolato • ½ bicchiere di latte**

In un pentolino, a fuoco dolce, sciogliere semplicemente il cioccolato tagliato a cubetti con il latte fino a ottenere una salsa vellutata da servire calda in una salsiera e da versare sulla fetta di pandoro.

CRUMBLE DI PANDORO E MELE

DA FARE CON GLI AVANZI

Per quanto sia buono, per quanto lo si mangi a colazione il giorno dopo e a merenda per una settimana... di pandoro in casa ne avanza sempre. Ecco allora un modo per trasformarlo in una torta, una sorta di pasticcio golosissimo da servire con il gelato. Vedrete che in questo modo il vostro pandoro... resusciterà a nuova vita!

2 fette di pandoro • 4 mele • 20 g di burro • 1 cucchiaio di cannella • 3-4 cucchiai di zucchero • gelato alla crema o panna montata

Sbucciare e tagliare le mele a dadini, farle cuocere a fuoco dolce in padella con il burro, lo zucchero e la cannella. Tagliare le fette di pandoro a pezzetti. Foderare una tortiera di carta da forno. Rovesciarvi le mele cotte e ammorbidite e ricoprirle con uno strato di dadini di pandoro. Schiacciarle un po' con le mani, completare con qualche ricciolo di burro e passare al grill, fino a che il pandoro non sarà ben dorato. Servire tiepido insieme a gelato alla crema o panna montata.

PRANZO DI NATALE

Questo è proprio il menù che ho cucinato per la mia famiglia lo scorso Natale. L'ho studiato apposta per non dover faticare all'ultimo momento. Tutto si prepara in anticipo tranne gli agnolotti, che però vanno semplicemente lessati e scolati. In questo modo ho fatto bella figura e mi sono anche goduta in pieno tutta la festa.

PÂTÉ DI ANATRA

Il pâté cucinato così è talmente delicato e leggero che piacerà anche a chi di solito non ama questo tipo di piatti. La prima volta che l'ho preparato l'ho offerto alle giornaliste del settimanale "Grazia" che mi aspettavano nella loro redazione per un'intervista-aperitivo. L'ho cucinato, fatto raffreddare e impacchettato senza averlo mai assaggiato prima, dunque ero un po' preoccupata del risultato. Invece ha avuto grande successo e da allora è entrato a pieno diritto nel mio ricettario delle feste.

Per 6-8 persone: 400 g di petto d'anatra • 200 g di fegato di vitello • 1 scalogno • 1 noce di burro • farina • 2 arance • 1 busta di preparato per gelatina • 100 ml circa di Marsala secco • 100 g di ricotta • sale e pepe. *Per guarnire:* 1 arancia • rosmarino

Togliere la pelle al petto d'anatra e tagliarlo a pezzetti. Tagliare a pezzetti anche il fegato. Affettare lo scalogno e farlo soffriggere nel burro, intanto infarinare le 2 carni. Quando lo scalogno sarà un po' stufato, unire le carni infarina-

TORTA DI ANTONIA P. 212

te e farle rosolare con un po' di sale e, volendo, anche pepe. Spremere le arance e sfumare la carne con il succo e la polpa rimasta nello spremiagrumi. Mentre la carne cuoce con il coperchio, preparare la gelatina: sciogliere la busta in mezzo litro d'acqua e il Marsala, fare bollire per un minuto ed è pronta. Quando le carni saranno cotte, trasferirle con il loro sughetto nel mixer e unire 100 ml di gelatina (il resto dovrà essere fatto solidificare in frigorifero a parte). Aggiungere anche la ricotta e frullare il tutto fino a ottenere appunto un pâté. Se necessario, aggiustare di sale. Foderare uno stampo da plum-cake con la pellicola per alimenti, versare il composto e livellare. Lasciare in frigorifero anche per una notte intera prima di sformare e servire. Tagliare a cubetti direttamente nel pentolino la gelatina solidificata e distribuirli intorno al pâté. Guarnire con fettine di arancia e rosmarino.

AGNOLOTTI AI CARCIOFI

A casa mia gli agnolotti a Natale non possono mancare. Invece di fare il solito ripieno di carne, però, questa volta ho scelto una deliziosa crema di carciofi. Preparare la pasta ripiena per le feste è sempre un momento di aggregazione divertente, perché si può coinvolgere tutta la famiglia e trasformare un lavoro faticoso in una specie di gioco. Al momento di servirli poi, basterà condirli con semplice burro e grana perché l'interno di carciofi darà un sapore specialissimo al piatto senza bisogno di aggiungere altro.

Per 4-6 persone: 300 g di farina • 3 uova • 2 cucchiai di olio extravergine • sale. *Per il ripieno:* 6 carciofi • 150 g di ricotta • 1 cipolla piccola • 1 spicchio d'aglio • prezzemolo • 50 g di grana • olio extravergine • sale e pepe. *Per condire:* burro • grana

Pulire i carciofi e tagliarli a spicchi. Rosolare la cipolla tagliata sottile con l'aglio e l'olio, poi aggiungere i carciofi e il prezzemolo e rosolare a fuoco dolce con il coperchio fino a che non saranno morbidissimi. Se necessario aggiungere un po' d'acqua durante la cottura. Lasciare raffreddare e nel frattempo preparare la pasta: mettere in una ciotola la farina, praticare un foro al centro come fosse un vulcano e romperci dentro le uova, quindi aggiungere un po' di sale e olio. Cominciare a mescolare prima sbattendo con la forchetta e poi usando le mani fino a formare un panetto morbido e omogeneo (ci vorrà una decina di minuti). Se avete tempo, fatela riposare avvolta nella pellicola per alimenti per una mezz'ora, altrimenti incominciate subito a lavorarla con la macchinetta per tirare la pasta, prima infarinandola per bene per evitare che si incolli. Una volta che i carciofi saranno cotti e morbidissimi, frullarli nel mixer insieme al grana e alla ricotta. Posizionare su ogni striscia di sfoglia una fila di palline di ripieno, circa un cucchiaino abbondante. Ripiegare la sfoglia su se stessa, premere con le dita intorno alla farcia per sigillarla e poi tagliare con la rotella in modo da ottenere i ravioli o agnolotti. Lessarli in acqua salata e, per non rischiare di romperli, scolarli con la schiumarola. Condirli con burro e grana in abbondanza.

CAPPONE RIPIENO

Il cappone ripieno è un secondo importante, degno di una grande festa come il Natale. Se lo facciamo al forno, però, c'è sempre il rischio che possa risultare un po' secco o stopposo, magari perché è cotto troppo o perché l'abbiamo preparato in anticipo e poi ci è toccato riscaldarlo all'ultimo momento. Ecco perché io il cappone ripieno lo cuocio in brodo. In questo modo non devo seguirne la cottura, posso mantenerlo in cal-

do anche per 2 ore in attesa degli ospiti e sono sicura che avrò sempre una carne delicata e tenerissima.

Per 6-8 persone: 1 cappone eviscerato. *Per la farcia:* 100 g di pane • latte quanto basta, circa 1 bicchiere • 100 g di salsiccia • ½ cipolla • 1 noce di burro • 50 g di grana • 2 tuorli • 1 cucchiaio di pistacchi sgusciati e non salati • 100 g di prosciutto crudo • il fegatino del cappone • sale. *Per il brodo:* 1 cipolla • 3 chiodi di garofano • 1 costa di sedano • 1 carota • 1 cucchiaino di sale grosso. *Per guarnire:* mostarda di Cremona • rosmarino

Per preparare la farcitura, affettare la mezza cipolla e rosolarla nel burro in un padellino. Ammollare il pane nel latte e ridurlo in poltiglia, togliere il budello alla salsiccia e unire anche quella. Aggiungere il prosciutto tagliato a listarelle, i tuorli, il grana, i pistacchi, il fegatino tagliato a pezzi e il soffritto. Amalgamare bene il tutto e usarlo per farcire il cappone. Cucire la pelle del cappone per evitare che fuoriesca la farcia (usare filo e ago normali). Legare con lo spago le zampe del cappone. Portare a bollore l'acqua con sedano, carota e cipolla (nella cipolla conficcare i chiodi di garofano), salare e quando bolle immergere delicatamente il cappone. Cuocere a fuoco dolce per circa 2 ore. Tagliare il cappone a pezzi e disporli in un piatto da portata dai bordi alti. Salare leggermente. Estrarre il ripieno dal cappone, tagliarlo a pezzi e distribuirlo sulla carne. Bagnare il tutto con due mestoli di brodo e guarnire con ciliegine di mostarda e rosmarino.

BISCOTTINI SPEZIATI

Finito il pranzo, aperti i regali, calata l'euforia della festa, è il momento di bere il caffè. È qui che fanno il loro ingresso i biscottini speziati. L'ideale è scegliere degli stampini natalizi e

guarnire i dolcetti con confettini argentati, granelle di zucchero ecc. Questi biscottini sono anche una bella idea regalo, magari confezionati in una bella scatola di latta.

Per 6 persone: 200 g di farina • 40 g di zucchero • 1 cucchiaio di spezie miste (zenzero, cannella, noce moscata...) • sale • 150 g di burro • 1 uovo. *Per la glassa:* 1 cucchiaio circa di albume • succo di limone • 60 g circa di zucchero a velo

Frullare nel mixer la farina, lo zucchero, un pizzico di sale, le spezie e il burro freddo tagliato a pezzi. Quando si sarà formato un composto di briciole, aggiungere l'uovo e frullare ancora fino a che si sarà ottenuta una palla di impasto omogeneo. Avvolgerla nella pellicola per alimenti e lasciarla riposare in freezer per mezz'ora fino a che non sarà bella dura. A quel punto, con un po' di forza, stenderla con il mattarello tra 2 fogli di carta da forno, per evitare che si appiccichi, fino a ottenere una sfoglia non troppo sottile. Con gli stampini formare i biscotti, cuocerli su una teglia foderata di carta da forno a 180° per 10 minuti circa e poi farli raffreddare. Per la glassa, con una forchetta sbattere l'albume con qualche goccia di succo di limone e abbastanza zucchero a velo da ottenere un composto denso e colloso. Spennellare la superficie dei biscotti con la glassa, fare asciugare e servire leggermente spolverizzati di zucchero a velo.
Per una cottura perfetta dei biscotti vedere l'introduzione alla ricetta di p. 262.

AGNOLOTTI PASTICCIATI

DA FARE CON GLI AVANZI

Dopo tutta la fatica che abbiamo fatto per confezionare a mano i nostri agnolotti natalizi... non vorremo mica sprecare quelli che avanzano (se per caso avanzassero!). Allora, invece di riscaldarli semplicemente nel microonde, ecco un'idea alternativa, che si può

CARRÉ DI MAIALE ALL'ARANCIA
E SENAPE P. 168

adottare anche con i ravioli comprati al supermercato: si tratta di una sorta di pasticcio goloso e veramente veloce da preparare. I miei bambini addirittura lo preferiscono ai ravioli canonici delle feste. E così risolviamo anche il pranzo di Santo Stefano.

500 g di ravioli di magro • 150 g di mozzarella • 80 g di prosciutto cotto • 200 ml di besciamella • 1 noce di burro • 4 cucchiai di grana • sale

Lessare i ravioli, scolarli e condirli in una ciotola con il burro (in caso si tratti di un piatto del riciclo saltare questo passaggio). Unire ai ravioli la besciamella, la mozzarella tagliata a dadini e il prosciutto ridotto a striscioline. Versare il tutto in una pirofila e spolverizzare con abbondante grana. Passare in forno ventilato a 200° per 10 minuti e poi per qualche minuto al grill, fino a che non sarà tutto ben gratinato.

BUFFET DI NATALE

Non sempre a Natale si riesce a stare tutti seduti. A volte gli ospiti sono davvero troppi e dunque il buffet è d'obbligo. Altre volte invece capita che ci sia bisogno di qualche idea per una cenetta in piedi per salutare colleghi e amici prima delle feste. In ogni caso, anche se non preparerete una vera tavola, assicuratevi che ci siano abbastanza sedie e punti di appoggio per tutti gli invitati. Mangiare in piedi, soprattutto a Natale, è davvero imperdonabile!

PAGNOTTA RIPIENA DI FORMAGGIO

Se volete stupire i vostri ospiti con un aperitivo delizioso e super originale, state leggendo la ricetta giusta. Ogni volta che servo questa pagnotta, avvolta nella stagnola, calda e fragrante, e poi la scoperchio rivelando un interno di golosissima fonduta, lascio tutti a bocca aperta. In più si prepara senza la minima fatica ed è impossibile sbagliare. Ricetta dèlla carissima Teresa Panini, che ringrazio!

Per 4-6 persone: 1 pagnotta di Altamura • 100 g di Emmental • 100 g di grana • ½ cipolla piccola • 250 g di maionese

Prendere una pagnotta di Altamura, tagliare la calotta superiore senza rovinarla e svuotare l'interno dalla mollica. A parte, tritare nel mixer cipolla, Emmental e grana. Aggiungere la maionese e tritare ancora fino ad avere un composto morbido e omogeneo. Trasferirlo nella pagnotta, chiuderla con la calotta e avvolgere bene il tutto nella stagnola. Cuocere in forno a 180° per un'ora. Aprire la stagnola senza toglierla del tutto, eliminare la calotta, portare a tavola la pagnotta ripiena di fonduta e servire con la mollica e altri crostini di pane da inzuppare.

TERRINA DI PROSCIUTTO COTTO

Una crema da spalmare su crostini fa subito festa! Questa terrina piace anche ai bambini perché ha un gusto molto delicato. Per dargli un po' più di carattere io la guarnisco con i cetriolini sott'aceto, ma so che non tutti li amano quindi meglio prepararne 2 ciotole, una con e una senza.

Per 4-6 persone: 400 g di prosciutto cotto • 4 cucchiai di passata di pomodoro • 2 cucchiai di Porto o Marsala secco

• 250 ml di panna fresca • noce moscata • 2 cucchiai di olio extravergine • sale

Tritare nel mixer il prosciutto con la passata, il liquore, una spolverizzata di noce moscata e l'olio, aggiungere poi solo 150 ml di panna, tritare ancora e trasferire in una ciotola. Montare a neve non troppo ferma la panna rimasta e incorporarla al composto. Trasferire la terrina di prosciutto in 1 o 2 belle ciotole di servizio, guarnire a piacere con cetriolini sott'aceto e servire su crostini di pane o cracker.

CRÊPES BESCIAMELLA E SPINACI

Lasagne e cannelloni sono un vero classico della cucina delle feste, ma se si vuole osare un po' e provare una piccola variante ecco che entrano in gioco le crêpes: delicate frittelle dal sapore e dalla consistenza deliziosi che, ripiene di spinaci e besciamella, diventano addirittura irresistibili. Mi raccomando, fatele sottilissime, altrimenti vi sembrerà di mangiare una frittata arrotolata.

Per 4-6 crêpes: 2 uova intere più 1 tuorlo • 200 g di farina • ½ litro di latte • sale. *Per la farcia:* 500 g di spinaci • ½ litro di besciamella • 70 g di grana • noce moscata • burro

Sbattere le uova con il sale e unire farina e latte tiepido un po' alla volta, continuando a mescolare in modo che non si formino grumi. Lasciare riposare la crema ottenuta almeno per mezz'ora in modo che si addensi. Nel frattempo lessare gli spinaci, strizzarli bene e frullarli con la besciamella, il grana e una grattugiata di noce moscata. Per fare le crêpes scaldare a fuoco moderato un padellino unto di burro, versare un mestolino di crema e aspettare che solidifichi. Con una spatolina alzare i bordi della crêpe e staccarla dal fondo, quindi girarla e cuocerla velocemente anche sull'altro lato. Procedere così, ungendo la padella ogni 2 crêpes, finché non avrete finito il composto. Io impilo mano a mano le crêpes e tra l'una e l'altra metto un foglietto di carta da forno. Una volta pronte, riempirle una alla volta con un po' di farcia agli spinaci e arrotolarle come fossero cannelloni, imburrare una teglia da forno disporle tutte ben vicine. Spolverizzare con altro grana e poco burro fuso. Passare al grill fino a che non saranno un po' abbrustolite.

STINCO DI VITELLO

Questo piatto è tanto bello quanto buono! La melagrana, poi, è un frutto molto natalizio, così si può approfittare della ricetta per allestire un centrotavola con gli stessi frutti. Certo, lo stinco di vitello non si può preparare all'ultimo momento. Ha una cottura molto lenta e molto lunga, ma basta munirsi di un bel libro e, ogni venti pagine, buttare un occhio al forno!

Per 6-8 persone: 1 stinco di vitello di circa 2 kg • 2 melagrane • rosmarino • alloro • salvia • 500 g di cipolline borrettane • 40 g di burro • 1 bicchiere di vino bianco • sale e pepe

Sistemare lo stinco in una teglia con le cipolline, condire con sale, pepe e fiocchetti di burro. Spremere una melagrana con lo spremiagrumi come fosse un'arancia e versare il succo sullo stinco. Completare con gli odori e il vino. Lasciare cuocere in forno a 180° coperto dalla stagnola per la prima ora e mezza, poi sgranare l'altra melagrana, togliere la stagnola e aggiungere i chicchi (tenerne da parte solo una manciata per la guarnizione finale). Cuocere per un'altra ora e mezza circa. In tutto quindi cuocerà per 3 ore e, se necessario, durante

TAGLIATELLE PANNA ACIDA
E CAVIALE P. 161

la cottura aggiungere altro vino e girare lo stinco. Una volta pronto, sistemarlo sul piatto da portata. Mettere sul fuoco del fornello la teglia con il fondo di cottura rimasto e sfumare con poco vino. Versare il sughino ottenuto sullo stinco e servire con le cipolline, qualche rametto di rosmarino fresco e i chicchi di melagrana tenuti da parte in precedenza.

CANESTRELLI

Canestrelli e caffè... La morte sua! Per arricchire un buffet natalizio o una qualsiasi cena ricca e golosa, meglio non puntare su un dolce troppo elaborato, ma su una piccola e raffinata pasticceria secca. Tutti ne prenderanno almeno un assaggio senza timore di appesantirsi.

Per 6 persone: 125 g di farina • 125 g di fecola di patate • 150 g di burro • 75 g di zucchero a velo • 3 tuorli (solo 2 se molto grossi) • 1 bustina di vanillina • sale

Lessare le uova per 10 minuti dal momento del bollore. Una volta che sono sode e un po' raffreddate, sgusciarle, tagliarle, prelevare il tuorlo e schiacciarlo in una ciotola con una forchetta. Aggiungere le farine mescolate insieme, il burro a pezzetti e incominciare a impastare con la punta delle dita. Unire anche lo zucchero a velo, la vanillina e una presa di sale e lavorare energicamente fino a ottenere un impasto liscio e omogeneo. All'inizio risulterà un composto slegato e farinoso. Non bisogna arrendersi ma continuare a manipolarlo fino a raggiungere il risultato desiderato. Formare allora una palla e lasciarla riposare in frigorifero avvolta nella pellicola per alimenti. Con l'aiuto di un po' di farina, stendere con il mattarello la pasta allo spessore di un centimetro circa. Con il tipico stampino a forma di fiore ritagliare i canestrelli e con un tubicino praticare il piccolo buco al centro. Io uso uno strumento del Didò di mio figlio! Cuocere in forno a 180° per circa 20 minuti fino a che non diventeranno un po' dorati. Una volta raffreddati, spolverizzarli con altro zucchero a velo e servire. Per una cottura perfetta dei biscotti vedere l'introduzione alla ricetta di p. 262.

TRAMEZZINI

Se avanza della terrina di prosciutto, invece di riproporla tale e quale il giorno dopo, preparate dei deliziosi tramezzini e con poca fatica avrete risolto un pranzo veloce o almeno la merenda.

Pane da tramezzino oppure panini morbidi al latte • lattuga • pomodori • mozzarella • pâté d'olive

Farcire i tramezzini o i panini con un generoso strato di terrina di prosciutto e arricchirli con lattuga e pomodoro, oppure mozzarella o semplicemente un po' di pâté d'olive.

BUFFET PER CAPODANNO

La cena di Capodanno inizia tardi, verso le 22.00, e ruota tutta intorno allo scoccare della mezzanotte. Ecco perché ho immaginato un menù spezzato in 2: pane farcito con taglieri di formaggi e salumi seguito da due primi caldi e molto particolari. Un inizio sostan-

zioso seguito da una pausa in attesa della mezzanotte. Dopo il brindisi, padellata di cotechino e lenticchie, un piatto immancabile, preparato in anticipo e semplicemente riscaldato all'ultimo momento. Infine dolce e balli fino al mattino!

CIABATTINE AL ROSMARINO

Queste ciabattine sono frutto di un fortunato errore! In principio dovevo fare dei grissini, poi però ho messo troppa acqua nell'impasto e oplà... ecco dei meravigliosi panini dalla forma allungata, morbidissimi e soffici. Meglio di quelli che si comprano in panetteria e che di solito costano pure un occhio della testa!

Per 6-8 pezzi: 300 g di farina • 4 g di lievito di birra (l'angolo di un panetto) • 1 cucchiaino di sale • 1 rametto di rosmarino • 4 cucchiai d'olio extravergine • 60 g di grana

Mescolare la farina con gli aghi di rosmarino tritati con il coltello, aggiungere l'olio, il grana, il sale e sbriciolare il lievito. Diluire il tutto con acqua tiepida quanto basta per formare un panetto morbido e omogeneo, impastare prima con il cucchiaio poi con le mani per circa 5 minuti aiutandosi, se serve, con un'altra spruzzata di farina. Lasciare lievitare il panetto coperto da un canovaccio per circa 40 minuti. Prelevare pezzetti di pasta grandi come una pallina da ping-pong e formare dei grissini, poi dare loro la forma di ciabattine. Disporli sulla placca foderata di carta da forno e cuocere in forno ventilato a 180° per circa 10-12 minuti. Devono diventare leggermente dorati. Servire con affettati per aperitivo.

TAGLIERE DI FORMAGGI E SALUMI

Quando si tratta di formaggi, io mi faccio sempre consigliare dal mio amico Paolo che sta al banco del supermercato (ormai è diventata praticamente la mia seconda casa...). Meglio presentare i salumi affettati in un bel piatto da portata e i formaggi ben distanziati su un tagliere in modo che ognuno possa servirsi agevolmente. Io di solito porto in tavola anche qualche vasetto con miele, marmellata di mele cotogne e mostarda di Cremona, una golosità molto colorata e natalizia. Fabio l'ha assaggiata una sola volta, facendo finta che gli piacesse perché era il nostro primo appuntamento!

PALLE DEL GIORGIONE, OVVERO GNOCCHI DI TREVIGIANA

Chi non ama la trevigiana, passi subito alla ricetta successiva! Chi invece, come me, è innamorato di questa verdura dal colore intenso e dal gusto irresistibilmente amarognolo, deve assolutamente provare le palle del Giorgione, un primo dal nome non troppo romantico ma dal gusto unico.

Per 4 persone: **1 cespo di trevigiana (150 g circa) • 100 g di ricotta • ½ cipolla • 50 g di grana • 1 tuorlo • 50 g di farina • 50 g di scamorza affumicata • sale • olio extravergine • burro**

Tritare grossolanamente la trevigiana, tritare anche la cipolla e stufare il tutto dolcemente in padella con un po' d'olio e un po' di sale fino a che l'insalata non sarà morbidissima. Trasferire il tutto in una ciotola e mescolare con la ricotta, il grana, l'uovo e la farina. Amalgamare bene tutti gli ingredienti fino a ottenere un composto che si possa manipolare con le mani. Meglio lasciarlo riposare un'oretta per farlo solidificare ancora di più. Se risulta troppo molle, aggiungere altra farina e altro grana. Raccogliere un cucchiaino di composto e farlo rotolare nella farina in modo da ottenere una polpettina. Ripetere l'operazione fino a esaurimento del composto. Calare in acqua bollente salata le polpette (delicatamente) e farle cuocere fino a che non salgono a galla. Nel frattempo mettere nel piatto di portata abbondanti pezzetti di burro. Scolare con la schiumarola gli gnocchi direttamente nel piatto di portata, mescolare delicatamente e, finché sono ancora molto caldi, grattugiare sopra la scamorza affumicata che subito si scioglierà. Servire immediatamente.

VELLUTATA BIANCO NATALE

Il cavolfiore è una verdura veramente sorprendente. Semplicemente bollito può risultare un po' "ospedaliero", ma gratinato con la besciamella oppure trasformato in una vellutata assume un gusto davvero unico. Questa ricetta, per esempio, vi stupirà per la delicatezza e la gradevolezza del suo sapore. Servitene piccole coppette con una generosa cucchiaiata di caviale brillante e arancione come un mucchietto di pietre preziose.

Per 4 persone: 130 g di cimette di cavolfiore • 1 scalogno • 1 costa di sedano bianco (facoltativo) • olio extravergine • 1 misurino di dado vegetale granulare • 200 ml di panna fresca • 1 cucchiaino di uova di salmone per ogni ciotola • sale e pepe

In padella con un po' d'olio, far rosolare lo scalogno affettato finemente. Tagliare grossolanamente le cimette di cavolfiore e il sedano e unirli allo scalogno, diluire con tanta acqua quanto basta per coprire a filo i cavolfiori e aggiungere il dado granulare e un po' di sale. Fare cuocere per circa 40 minuti, fino a che il cavolfiore sarà morbido. In caso la zup-

POLLO IN CARPIONE P. 172

pa fosse troppo brodosa, togliere 1 o 2 mestoli di brodo (si fa sempre in tempo a rimetterli), allungare con la panna e scaldare ancora per pochi minuti. Passare il tutto con il frullino a immersione fino a ottenere una crema densa e vellutata. Servire in ciotoline con al centro un cucchiaino di uova di salmone e un po' di pepe.

PADELLATA DI COTECHINO E LENTICCHIE

Questa ricetta può avere, diciamo così, 2 chiavi di lettura! Una tradizionale, che prevede il cotechino fresco e le lenticchie secche, e una super veloce, la mia preferita naturalmente, che invece prevede lenticchie in scatola e cotechino precotto. Meno tempo in cucina, più tempo per farsi belli per la serata!

Per 4-6 persone: 1 cotechino precotto • 2 lattine di lenticchie • 1 cipolla • 1 cucchiaio ben colmo di concentrato di pomodoro • ½ bicchiere di brodo vegetale fatto con il dado • rosmarino • sale • olio extravergine

Soffriggere la cipolla in poco olio, aggiungere le lenticchie scolate, il concentrato di pomodoro, il brodo o altrettanta acqua, il sale e il rosmarino. Fare cuocere con il coperchio dolcemente fino a che il sugo non si sarà ristretto e le lenticchie non si saranno insaporite. Cuocere anche il cotechino secondo le indicazioni della confezione. Una volta pronto, toglierlo dal suo involucro, privarlo della pelle e tagliarlo a fette spesse un dito. Mettere le fette di cotechino insieme alle lenticchie nella padella. Al momento di portare in tavola, scaldare la padellata. Se è il caso, allungare ancora con acqua o brodo per arricchire il sughetto e far cuocere meglio la pietanza.

PANETTONE CON SALSA ALLA VANIGLIA

Il panettone si compra, la salsa invece si cucina in un lampo ed è buonissima. Si prepara senza farina e quindi non impazzisce mai. L'unico accorgimento è farla raffreddare un po', così si addenserà per bene. A me piace talmente tanto che me la mangio anche da sola, a cucchiaiate o pucciandoci i biscotti!

Per la salsa: 400 ml di panna fresca • 100 ml di latte • 1 fialetta di vaniglia o 1 bustina di vanillina • 5 tuorli • 125 g di zucchero

Unire la panna al latte, aggiungere la vaniglia e fare scaldare il tutto in un pentolino senza però portare a bollore. In una ciotola sbattere i tuorli con lo zucchero. Aggiungere la crema di latte e panna calda, mescolare e rimettere il tutto sul fuoco a fiamma moderata, mescolando fino a che la salsa si sarà addensata. Non avrà la consistenza di una crema pasticcera, sarà più liquida. È pronta quando vela il cucchiaio. Trasferire la salsa in una ciotola fredda e aspettare che si intiepidisca e si addensi ulteriormente. Versarne a piacere su ogni fetta di panettone.

TAGLIATELLE ZUCCHINE, PORRI E COTECHINO

DA FARE CON GLI AVANZI

Questa gustosissima ricetta è perfetta anche dopo il periodo natalizio... quando si avvicina l'estate e voi vi accorgete che c'è ancora un cotechino nascosto in un angolo della dispensa. Cosa fare? Cotechino e lenticchie ad aprile? Rischiereste di subire un ammutinamento da parte della vostra famiglia! Se invece usate il cotechino per condire un bel piatto di tagliatelle alleggerite da una buona dose di zucchine croccanti, il successo è assicurato e il cotechino... riciclato!

Per 4 persone: 1 cotechino precotto • 3 zucchine piccole • 1 porro grosso • olio extravergine • 300 g di tagliatelle paglia e fieno • basilico • sale

Lessare il cotechino secondo le indicazioni della confezione. Una volta cotto, estrarlo dall'acqua, togliere la pelle (il budello) e tagliarlo a dadini. Affettare sottilmente il porro e le zucchine e farle rosolare in padella con abbondante olio e sale. Quando incominciano a essere morbide, unire il cotechino a pezzetti. Lessare le tagliatelle, unire un mestolo di acqua di cottura nella padella del sugo e lasciare cuocere ancora per qualche minuto. Scolare le tagliatelle, unirle al sugo, farle saltare a fuoco vivace (non troppo a lungo per evitare che si asciughino) e se necessario allungare con altra acqua di cottura. Servire con basilico fresco.

CENONE DI CAPODANNO CLASSICO

Il mio Capodanno ideale è quello passato in casa con un bel gruppo di amici e delle cose buone da mangiare. Non sono una grande appassionata delle folle festanti o peggio ancora delle cene infinite proposte dai ristoranti. Ecco un menù un po' costoso, ma di sicuro effetto!

ASTICE GRATINATO

Io ho previsto l'astice surgelato per 2 motivi: primo, costa meno di quello fresco, secondo (e imprescindibile), non riuscirei mai a portare a casa un sacchetto pieno di astici vivi e poi buttarli in una pentola di acqua bollente. Solo a pensarci mi vengono i brividi! Certo, se per voi queste mie motivazioni non sono rilevanti, il risultato che otterrete cucinando degli astici freschi è sicuramente ancora migliore! Il procedimento è esattamente lo stesso.

Per 4 persone: 2 astici surgelati precotti • alloro • 150 g di burro • 30 g circa di pangrattato • sale e pepe

Sgelare gli astici e sbollentarli per pochi minuti secondo le istruzioni sulla confezione. Tagliare ognuno a metà nel senso della lunghezza con un normale paio di forbici da cucina partendo dalla coda fino ad arrivare alla testa. Svuotare le parti molli delle teste in una ciotola, unire a queste il burro un po' sciolto e tanto pangrattato quanto basta per avere una farcia morbida e plastica. Ricoprire una pirofila di foglie di alloro, riempire abbondantemente le teste degli astici di farcia, che deve debordare un pochino, e sistemare i crostacei sull'alloro. Aggiungere ancora un po' di burro su ogni coda e fare gratinare per 5 minuti circa al grill, fino a che la panatura non sarà leggermente dorata.

INSALATA RADICCHIO, MOZZARELLA E MELAGRANA

Non ho inserito questo piatto nella sezione delle insalate perché si tratta di una ricetta talmente sontuosa e appetitosa da guadagnarsi un posto d'onore nei menù delle feste. Mi rac-

PANETTONE CON
SALSA ALLA VANIGLIA
P. 157

comando però di usare il radicchio tardivo di Treviso, quello cioè con le foglie lunghe e sottili che è dolcissimo e tenerissimo, altrimenti non sarà la stessa cosa. Una piccola variante in verità l'ho già apportata io. La ricetta originale infatti prevedeva la burrata invece della mozzarella di bufala. Ma io, che a casa non ce l'avevo, ho optato per una piccola modifica... che comunque si è rivelata vincente. A voi la scelta!

Per 4-6 persone: **4 cespi di radicchio tardivo di Treviso • 1 mozzarella di bufala • 1 melagrana • glassa di aceto balsamico (o aceto balsamico) • sale • olio extravergine**

Tagliare il radicchio a pezzetti lunghi 3-4 cm. Raccoglierli in una ciotola con i chicchi di metà melagrana. Condire il tutto con sale, olio e glassa di aceto balsamico e distribuire in un bel piatto da portata dai bordi leggermente alti. Tagliare la mozzarella a dadini e disporli sull'insalata. Completare con i chicchi della seconda metà della melagrana e condire con altra glassa di aceto. Mi raccomando: una volta condita, l'insalata va mangiata subito se no appassisce.

TAGLIATELLE PANNA ACIDA E CAVIALE

Ecco un primo che vi farà sicuramente fare bella figura! Il gusto del porro dolce e burroso unito all'asprigno delicato della panna acida e al sapore unico del caviale è un vero spettacolo. Per il nostro anniversario, Fabio mi ha preparato questo piatto delizioso sostituendo le uova di lompo con una scatoletta di vero e proprio caviale beluga. Divino, ma talmente costoso che alla fine abbiamo fatto scarpetta persino nella padella per non rischiare di avanzare nemmeno un preziosissimo uovo! Poco romantico, ma di grande soddisfazione...

Per 4-6 persone: 500 g di tagliatelle • 250 ml di panna fresca • 1-2 scatolette di caviale o uova di lompo • 1 porro • burro • olio extravergine • erba cipollina • 1 misurino di brodo granulare vegetale • ½ limone

Tagliare sottilmente il porro e rosolarlo in padella con burro e olio. Mettere a bollire l'acqua per le tagliatelle e sciogliere nell'acqua della pasta il misurino di brodo vegetale. Sfumare i porri con un mestolino di brodo per farli stufare meglio. Poi spremere mezzo limone nella panna fresca e mescolare un po': immediatamente diventerà più densa. Se avete tempo di far riposare la panna acida per qualche ora, diventerà ancora più densa, ma è buona anche fatta al momento. Lessare le tagliatelle nel brodo, scolarle e farle saltare brevemente nella padella dei porri. Se necessario allungare ancora con un po' di brodo di cottura. Togliere dal fuoco e unire la panna acida. Mescolare bene, aggiungere il caviale e mescolare delicatamente. Per una presentazione più scenografica, invece di mettere il caviale direttamente nel sugo, aggiungerlo nei piatti sopra le tagliatelle e completare con erba cipollina. Il rischio però è che la pasta si asciughi un po'.

MAIALE IN CROSTA

La magia della sfoglia pronta! Questo gustoso arrosto di maiale avvolto in deliziosa pancetta e racchiuso in una crosta fragrante e dorata ha un aspetto a dir poco regale ed è molto semplice da preparare. La cosa importante è cuocere bene la carne nella pentola e poi farla intiepidire prima di avvolgerla nella sfoglia. Particolare non da poco: la lonza di maiale, pur essendo buona, magra e sana, costa molto meno del classico pezzo di filetto di manzo o di vitello.

Per 4-6 persone: 800 g di lonza di maiale • pancetta arrotolata quanto basta • 1 rotolo di pasta sfoglia • 1 tuorlo • latte • burro. *Per la marinata:* 1 bicchiere di brandy • alloro • salvia • rosmarino • olio extravergine • sale e pepe

Praticare 3 tagli non troppo profondi sulla superficie della lonza, poi lasciarla in una ciotola con tutti gli ingredienti per la marinatura per 30 minuti circa. Sciogliere un po' di burro in padella, scolare la carne e farla rosolare su tutti i lati, salare e pepare, sfumare con la marinatura, aggiungendone anche gli odori e cuocere per 14 minuti con il coperchio. Poi spegnere il fuoco e fare intiepidire, quindi srotolare la sfoglia, foderarla con la pancetta, adagiarci la lonza e chiudere come fosse un pacchettino. Spennellare con qualche cucchiaiata di latte e tuorlo sbattuti insieme e far cuocere in forno a 180° per 30 minuti.

MOUSSE LAMPO DI MARRONI

Fatemi subito ringraziare Angelo Macchiavello, inviato di Studio Aperto e grande cuoco e buongustaio, autore della ricetta. Questa mousse è talmente semplice da preparare che uno non ci crede! Panna e marmellata e il gioco è fatto. Se però volete commuovere i vostri ospiti... raccontate con sentimento delle ore passate a lessare e schiacciare castagne per poter offrire loro un delizioso dessert assolutamente unico!

700 g di crema di marroni (la marmellata che si trova al supermercato) • 500 ml di panna fresca • 200 g di marron glacé (vanno bene quelli nei sacchetti già spezzettati). *Per completare:* meringhe e crema di cioccolato (quello confezionato già pronto per guarnire)

Raccogliere la crema di marroni in una ciotola e mescolarla con 50 ml di panna fresca in modo da ottenere una crema fluida e morbida. Montare il resto della panna a neve ferma e incorporarla delicatamente al composto mescolando dal basso verso l'alto. Aggiungere alla mousse i marron glacé spezzettati. Servirla in una coppa di servizio oppure in porzioni singole. Guarnire con meringa sbriciolata e crema di cioccolato.

CROSTATA DI MARRONI

DA FARE CON GLI AVANZI

Questa mousse meravigliosamente semplice è perfetta anche per riempire un guscio di pasta frolla. E voilà la crostata è servita.

Mousse di marroni • 1 rotolo di pasta frolla • fagioli secchi per la cottura in bianco della pasta

Disporre la pasta frolla in una tortiera rivestita di carta da forno, formando un bordino tutt'intorno. Coprire la pasta con un foglio di alluminio e poi con uno strato di fagioli secchi. Cuocere a 180° per 25 minuti. Fare raffreddare e poi riempire con tanta mousse di marroni.

La Pasqua ha il profumo della primavera, per questo mi piace addobbare la tavola con tanti fiori e tanti colori. Sia che la festeggiate al mare sia che siate in città, il menù deve avere un tocco di leggerezza: il profumo

dell'arancia, il sapore dei fagiolini freschi e l'amarognolo del radicchio senza dimenticare però le immancabili uova!

UOVA RIPIENE PASQUALI

Guai festeggiare la Pasqua senza le uova ripiene! Questa è la versione più veloce e gustosa che si possa trovare. Perfetta anche per uno spuntino estivo, quando si ritorna accaldati dalla spiaggia.

4 uova • ½ bicchiere di olio extravergine • pepe • 1 cucchiaino di pasta d'acciughe • 1 ciuffo di prezzemolo

Cuocere le uova per 10 minuti in acqua in ebollizione, far raffreddare e sgusciare. Tagliare a metà ogni uovo ed estrarre il tuorlo. Mettere i tuorli nel mixer insieme all'olio, il prezzemolo, il pepe e la pasta d'acciughe e tritare: deve risultare un composto molto morbido e soffice, se appare troppo duro aggiungere un po' d'olio. Mettere un'abbondante cucchiaiata di composto in ogni mezzo uovo e conservare in frigorifero fino al momento di servire. Decorare il piatto con ciuffi di prezzemolo e pomodorini.

INVOLTINI RADICCHIO, NOCI E RICOTTA

La prima volta che ho preparato questi involtini avevo degli ospiti a cena. Ne ho infornati solo 5 o 6, per sentire il loro parere. Ebbene, li hanno divorati così in fretta che ne ho dovuto preparare altre 2 teglie. Per fortuna sono pronti in un attimo! Mi rac-

comando, non mettete troppe noci nell'impasto altrimenti risulteranno duri. Consiglio ancora più importante: niente sale!

Per 4-6 persone: 1 cespo di radicchio • 100 g di ricotta • 50 g di noci sgusciate • prosciutto crudo • olio extravergine

Separare delicatamente una decina di foglie di radicchio, sbollentarle in acqua per 30 secondi e scolarle. Tritare le noci nel mixer, poi mescolarle con la ricotta. Prendere una foglia di radicchio, tagliare la parte bianca del gambo e sistemarvi sopra una fetta di prosciutto (devono avere più o meno la stessa grandezza). Appoggiare al centro un cucchiaino di farcia di noci e ricotta. Richiudere la foglia di radicchio a pacchettino e disporla su una placca foderata di carta da forno. Cuocere a 180° per 10 minuti. Servire caldi guarniti con qualche gheriglio di noce e un filo di olio.

LASAGNE AL PESTO, FAGIOLINI E PATATE

Le lasagne al pesto già sono buone così, se poi le arricchite con patate e fagiolini diventano una vera bomba. Lo sforzo è minimo perché basta lessare le patate e i fagiolini, ma il risultato vi sorprenderà! Questo pesto rinforzato è ottimo anche per condire trofie e linguine.

Per 4-6 persone: 300 g di pesto pronto • 6 sfoglie di pasta fresca per lasagne • ½ litro di besciamella • 3 patate medie • 250 g di fagiolini già puliti • grana • 100 ml di latte • sale.
Per guarnire: foglie di basilico

Lessare i fagiolini e le patate. Una volta pronti, tagliare le patate a tocchetti e i fagiolini in pezzetti abbastanza picco-

CUPCAKE CIOCCOLATO BIANCO E VANIGLIA P. 211

li e salare. Mescolare la besciamella con il pesto e un po' di latte fino a ottenere una crema non troppo densa. Attenzione a usare un pesto non troppo olioso, altrimenti in cottura l'olio si dividerà dalla salsa e affiorerà sulla superficie delle lasagne, lasciando chiazze unte e decisamente poco invitanti... Comporre le lasagne sporcando la base di una teglia rettangolare con la crema di besciamella e pesto, ricoprire con 2 sfoglie leggermente sovrapposte, condire il tutto con abbondante crema e completare con fagiolini, patate e grana. Ricominciare con lo strato di sfoglia e così via finché non saranno esauriti gli ingredienti. Concludere con crema, patate, fagiolini e grana abbondante. Versare poco latte in tutti e 4 gli angoli della teglia e cuocere in forno a 180° per 20 minuti; se necessario passare al grill, fino a che la superficie non sarà ben gratinata. Prima di portare in tavola, guarnire con foglioline di basilico.

CARRÉ DI MAIALE ALL'ARANCIA E SENAPE

Il carré di maiale ben rosolato e condito con senape e fette di arancia sembra uscito dritto dritto da una rivista di cucina. L'unico inconveniente è che questo pezzo di carne raramente si trova già pronto nel banco del supermercato, ma dovrete farvelo preparare apposta dal macellaio. Scegliete un pezzo misto, cioè non troppo magro, altrimenti rischierà di diventare duro. Cuocetelo lentamente senza avere fretta e gustatevi il risultato! Sarà da leccarsi le dita...

Per 4-6 persone: 1 pezzo di carré con l'osso (inciso e preparato ad hoc dal macellaio) di circa 1,2 kg • 3 arance • 3 cucchiai di senape (meglio in grani) • 1 scalogno • olio extravergine • sale • bacche di ginepro • alloro • ½ bicchiere di vino bianco • 3-4 patate medie

Affettare lo scalogno e mescolarlo in una ciotola insieme alla senape, al succo e alla polpa di 2 arance. Aggiungere anche il vino, le bacche di ginepro e l'alloro e versare il tutto sulla carne in una teglia. Irrorare con un filo d'olio e mettere in forno per un'ora e mezza o 2. Dopo la prima mezz'ora di cottura, salare la carne e coprirla con un foglio di carta stagnola. Intanto sbucciare e affettare le patate. Dopo un'altra mezz'ora aggiungere anche le patate nella teglia con altro sale, mescolandole bene al fondo di cottura, e fare cuocere altri 30-40 minuti circa. Se necessario si può girare il pezzo di carne sull'altro lato e tenerlo un po' senza stagnola in modo che abbrustolisca bene dappertutto. L'importante è che non bruci. Presentare a tavola il carré intero guarnito di fette di arancia e tagliarlo davanti agli ospiti.

DOLCETTI AL COCCO E CAFFÈ O FINGER TIRAMISÙ

Molto più veloci da preparare del tiramisù, ma altrettanto golosi! Unico inconveniente: finiscono molto in fretta!

Per 6 persone: biscotti tipo Pavesini • mascarpone • Nutella • caffè • farina di cocco

Spalmare alcuni biscotti con la Nutella, altri con il mascarpone, unirli come fossero dei piccoli sandwich bicolore. Inzupparli velocemente nel caffè caldo e poi impanarli nella farina di cocco. Lasciarli riposare in frigorifero fino al momento di servire.

BACI CON LE NOCCIOLE E IL CIOCCOLATO DELLE UOVA DI PASQUA

DA FARE CON GLI AVANZI

Se per riciclare il cioccolato ci tocca eseguire una ricetta più complicata dell'intero pranzo di Pasqua, allora il gioco non vale la candela. Questi baci invece sono velocissimi e davvero golosi.

150 g di cioccolato fondente • 1 cucchiaio di zucchero a velo • 70 g di nocciole

Tritare grossolanamente le nocciole, alcune devono rimanere quasi intere. Sciogliere il cioccolato con lo zucchero a velo a bagnomaria, cioè in un pentolino immerso in un altro pentolino pieno d'acqua bollente. Quando il cioccolato è ben sciolto unire le nocciole e mescolare per amalgamare. Togliere dal fuoco e con un cucchiaino raccogliere un mucchietto di composto e sistemarlo su un vassoio ricoperto di carta da forno. Ripetere l'operazione fino a esaurimento del composto. Lasciare il vassoio in frigorifero una mezz'ora fino a che il cioccolato non si sarà solidificato e non si saranno formati dei baci dalla forma irregolare.

I picnic sono uno dei momenti più allegri e divertenti che si possano organizzare. Anche se non c'è il tempo di fare una vera scampagnata lontano dalla città in qualche località speciale, basta un prato vicino a casa,

una tovaglia e un cestino di cose buone per sentire subito l'aria di festa.

PANZEROTTI AL RAGÙ

Ad Alessandria siamo forti con pizze, focacce e farinate, ma di panzerotti... nemmeno l'ombra: li ho scoperti quando sono venuta a fare l'università a Milano e da allora ho recuperato il tempo perduto. Prepararli, poi, non è per niente complicato, specie se come me usate la pasta della pizza già pronta. Mi raccomando però di sigillare bene le estremità prima di tuffarli nell'olio bollente, altrimenti dopo tanta fatica scolerete dei panzerotti tristemente vuoti.

Per 6 pezzi: 1 rotolo di pasta per pizza già stesa • farina • olio per friggere. *Per il ripieno:* 300 g di carne trita • 150 g di soffritto surgelato • 1 spicchio d'aglio • 1 bicchiere di vino bianco • 1 bicchiere di passata di pomodoro • sale • olio extravergine • alloro • 60 g di Emmental

Per preparare il ragù, rosolare il soffritto con l'aglio, aggiungere la carne, fare rosolare e poi sfumare con il vino, condire con il sale, aggiungere la passata di pomodoro, l'alloro e fare cuocere per mezz'ora con il coperchio. Srotolare la pasta della pizza ed eventualmente, con il mattarello e un po' di farina, stenderla un po' più sottile. Fare dei dischi aiutandosi con il bordo di una larga tazza. Aspettare che il ragù si sia intiepidito, poi aggiungere l'Emmental grattugiato grossolanamente e mettere una cucchiaiata di sugo al centro di ogni disco. Chiuderli in modo da ottenere la forma tipica a mezzaluna. Sigillare bene i bordi con le dita e poi friggere i panzerotti in olio bollente, scolarli uno alla volta con la schiumarola e farli asciugare su carta assorbente.

FOCACCE RIPIENE

Spazio alla fantasia! Con questo semplice procedimento potrete creare le vostre focacce ripiene con qualsiasi cosa vi passi per la testa o per... il frigorifero. Infatti le focacce ripiene sono perfette anche per fare fuori gli avanzi!

2 sfoglie di pasta per focaccia (dal banco frigo) • 7 filetti di acciughe • 2 mozzarelle • 4 fiori di zucca • 5 fette di melanzane grigliate surgelate • 4 pomodorini • grana • sale grosso • olio extravergine

Stendere la prima focaccia usando il mattarello e spolverizzando con poca farina in modo da renderla ancora più sottile. Farcirla con la mozzarella tagliata a fettine, le acciughe e i fiori di zucca, riempiendo però solo metà dell'impasto steso. Richiudere la focaccia ripiegando la metà libera sulla farcia e sigillando bene i bordi. Passare ancora una volta delicatamente il mattarello per dare una schiacciata (usare un po' di farina sull'impasto per evitare che si appiccichi) e distribuire sulla superficie una manciata di sale grosso e abbondante olio extravergine. Stendere l'altra focaccia e con lo stesso procedimento farcirla con le melanzane scongelate, la seconda mozzarella a fettine, i pomodorini tagliati a metà e grana. Cuocere a 200° in forno ventilato per circa 10 minuti, tagliare e servire una volta tiepide.

POLLO IN CARPIONE

Il carpione è un condimento, o forse è meglio dire una marinata, tipicissima di Alessandria. Quando ero piccola, d'estate nel nostro frigorifero non mancava mai un recipiente di vetro pieno zeppo di fettine di pollo immerse in un delizioso intin-

golo asprigno e freschissimo che manteneva la carne tenera e sempre appetitosa. In carpione si possono conservare anche le verdure, in particolare le zucchine, ma secondo me le fettine di pollo impanate e fritte sono insuperabili. Provate e mi direte. Mi piace molto l'idea di riuscire a esportare questa prelibatezza al di fuori dei confini della mia città!

Per 6 persone: 400 g di petto di pollo • 2 uova • almeno 100 g di pangrattato • olio per friggere. *Per il carpione:* 300 g di cipolle (io uso quelle rosse di Tropea perché mi piace il colore, ma vanno bene anche dorate) • 400 ml di vino bianco • 300 ml di aceto (io uso quello di mele) • salvia • alloro • sale • pepe in grani

Tagliare il pollo in bocconcini, così saranno più gradevoli da servire rispetto alle fettine. Immergerli nell'uovo sbattuto, impanarli nel pangrattato e friggerli in abbondante olio bollente. Poi scolarli sulla carta assorbente e salarli leggermente. Completata questa operazione, affettare ad anelli sottili le cipolle e farle rosolare in un'altra padella con un filo d'olio e qualche foglia di alloro. Quando saranno appassite (mi raccomando, non devono scurire), sfumare prima con il vino e subito dopo con l'aceto, unire un bel ciuffo di salvia, il sale e qualche grano di pepe, fare sobbollire per circa un minuto e spegnere. A questo punto, in un contenitore preferibilmente di vetro (perché è bello vedere gli strati di carne), alternare al pollo un po' di cipolla, salvia e alloro prelevandoli dalla marinata, cioè il carpione, fino a riempire il contenitore ed esaurire gli ingredienti. Versare allora la marinata ancora calda, coprendo tutta la carne. Lasciare raffreddare, sigillare con un coperchio o con la pellicola per alimenti e mantenere in frigorifero per diversi giorni, anche perché diventa sempre più buono!

CROSTATA DI PISELLI

La torta salata risolve un sacco di situazioni: oltre che il piatto forte di un picnic, può essere un antipasto o un aperitivo per una cena formale oppure può sostituire brillantemente il primo in un menù casalingo, anche perché è un valido aiuto per le mamme che non riescono a far mangiare le verdure ai bambini. Qualunque sia l'occasione, il connubio meraviglioso tra panna, piselli, prosciutto e grana metterà d'accordo tutti.

1 sfoglia di pasta brisée • 600 g di piselli surgelati • 70 g di grana • 1 cipolla • 50 g di prosciutto cotto • 300 g di ricotta • 2 uova • 100 ml di panna fresca • olio extravergine • sale e pepe

Affettare la cipolla, farla rosolare con poco olio, aggiungere i piselli ancora surgelati, un dito d'acqua e fare cuocere per circa 10 minuti finché i piselli non si saranno ammorbiditi e l'acqua asciugata. Salare, aggiungere il prosciutto a dadini o striscioline e spegnere il fuoco. Mescolare delicatamente in una ciotola la ricotta con il grana, le uova, i piselli, la panna e un pizzico di sale. Stendere la sfoglia in una tortiera lasciando la carta da forno sotto. Fare un bordino tutto intorno, bucherellarla e riempire con l'impasto di ricotta e piselli. Cuocere in forno a 180° per circa 40 minuti, gli ultimi 10 con il calore solo sotto.

MUFFIN CON CAROTE E CIOCCOLATO AL LATTE

Per concludere un picnic i muffin sono perfetti, perché a differenza di una torta non si devono tagliare a fette. Il vantaggio di questa ricetta, poi, è che permette di riciclare il cioccolato al latte dell'uovo di Pasqua!

Per 8-10 pezzi: 75 g di burro • 125 g di zucchero • 2 uova, 120 g di farina • 1 bustina di lievito per dolci • 400 g di carote già pulite • 80 g di mandorle • 60 g di cioccolato al latte • zucchero a velo

Sciogliere il burro e mescolare con lo zucchero, le uova, la farina e il lievito. Tritare nel mixer le carote e aggiungerle all'impasto. Nello stesso mixer (non c'è bisogno di lavarlo) tritare anche le mandorle e unirle al resto. In ultimo spezzettare grossolanamente il cioccolato con un coltello e unirlo al composto. Imburrare e infarinare gli stampini da muffin (in alternativa foderarli con dei pirottini di carta). Riempire a metà gli stampini di impasto. Cuocere in forno a 180° per 20-30 minuti. Lasciare raffreddare e spolverizzare con zucchero a velo.

CROSTINI CROCCANTI

DA FARE CON GLI AVANZI

L'errore che faccio sempre, quando devo affrontare un buffet, è quello di esagerare con le focacce. Ne preparo davvero troppe e gli effetti negativi sono 2: innanzitutto, i miei ospiti si abbuffano e poi non hanno più l'appetito necessario per godersi gli altri manicaretti; secondo, me ne avanza immancabilmente un quintale. Ma a questo problema ho trovato una soluzione.

1 pezzo di focaccia avanzata • pâté d'olive • pasta d'acciughe • senape • 1 uovo • olio extravergine

Tagliare a dadini la focaccia secca del giorno prima. Spalmare la superficie di ogni dadino con un tipo diverso di salsa (senape, pasta d' acciughe, pâtè d'olive). Sbattere l'uovo e immergervi brevemente i dadini, quindi passarli in una padella leggermente unta d'olio. Fare saltare a fuoco vivace quanto basta perché risultino croccanti e dorati. Lasciarli raffreddare per pochi minuti. Servire i dadini come aperitivo, come guarnizione di una vellutata o di una zuppa oppure in insalata.

SAN VALENTINO DI MARE

Invece di prenotare nel solito ristorante affollato e costoso, una vera prova d'amore per San Valentino potrebbe essere preparare una deliziosa cenetta tête-à-tête tutta cucinata con le vostre mani. Due menù diversi, uno per chi ama il pesce e uno per chi preferisce la carne: sempre piccole portate molto raffinate e presentate con cura, per non appesantirvi, anzi... per stuzzicare anche altri appetiti!

ZUPPETTA DI VONGOLE E BACON

C'è una bella differenza tra una minestra servita nella fondina in cui solitamente si mangia la pasta al sugo e una deliziosa zuppetta di vongole guarnita con il bacon e presentata in una coppetta piccola e raffinata. In certe occasioni, oltre al gusto... anche l'occhio vuole la sua parte!

Per 2 persone: 150 g di soffritto surgelato • 80 g di pancetta affumicata a dadini • 1 foglia di alloro • 150-200 g di vongole sgusciate surgelate • 800 g di patate • olio extravergine • sale e pepe

BACI CON NOCCIOLE E CIOCCOLATO P. 170

In una padella con un po' d'olio, far rosolare il soffritto con la pancetta affumicata. Nel frattempo sbucciare le patate e tagliarle a tocchetti piccoli. Aggiungerle al soffritto e poi unire anche le vongole sgelate con tutto il liquido che si sarà formato nella loro busta. Allungare con l'acqua (deve coprire a filo le patate), salare, aggiungere l'alloro e cuocere per circa 20 minuti fino a che le patate non saranno morbidissime. A questo punto schiacciarle per bene con un cucchiaio in modo da ottenere una consistenza a metà tra la vellutata e la zuppa. Ci vorranno solo pochi minuti. Portare a tavola e servire in coppette non troppo grandi con olio e tanto pepe.

Se avete comprato le vongole fresche... ecco a voi una variante!

1,5 kg di vongole fresche • 1 spicchio d'aglio • olio extravergine • vino bianco

Fare spurgare le vongole fresche in acqua e sale per almeno 30 minuti, sciacquarle e trasferirle in una padella dove si avrà fatto rosolare l'aglio con un po' d'olio. Sfumare con il vino e cuocere a fuoco vivace con il coperchio fino a che non si saranno aperte. A questo punto aggiungere alla zuppa il sughino e solo in ultimo unire anche le vongole (la maggior parte sgusciate, solo una decina con il guscio per guarnire).

SCAMPONI REALI

Ho chiamato questi scamponi "reali" perché costano una cifra e dunque sono un piatto da re! Attenzione a come li pulite. La prima volta che li ho preparati ho levato completamente il carapace e la coda si è staccata dalla testa rovinando tutta la presentazione. Dunque andateci cauti quando incidete il guscio, visto quello che li avete pagati! Il risultato non vi deluderà, perché la panatura risulterà delicata ma perfetta per far risaltare la polpa. Due scamponi a testa è la porzione ideale.

Per 2 persone: 4 scamponi nazionali • 4 cucchiai di pangrattato • 2 cucchiai di grana • 50 g di burro • 1 spicchio d'aglio • 1 patata • rosmarino • 100 ml circa di panna fresca • sale

Lessare la patata. Togliere quasi tutto il carapace a ogni scampone crudo, lasciando però una piccola porzione del guscio ancora attaccata alla testa, altrimenti la polpa si staccherà completamente dal resto. Mescolare il pangrattato al grana. Impanare le code degli scampi e adagiarli su una teglia foderata di carta da forno. Rosolare dolcemente in un tegamino il burro con l'aglio sbucciato e schiacciato. Irrorare gli scampi impanati con parte del burro aromatizzato, aggiungere qualche rametto di rosmarino e passare in forno ventilato a 180° per circa 10 minuti. Nel frattempo sbucciare e passare la patata nello schiacciapatate. Condirla con qualche cucchiaiata di burro aromatizzato avanzato e la panna, quanto basta per ottenere una crema leggermente più liquida di un purè. Aggiustare di sale. Servire 2 scamponi per piatto con una cucchiaiata di crema di patate.

CANTUCCI

Questi biscottini sono la passione di Fabio. "Boni i tozzetti!" è il suo commento classico mentre se li mangia con il caffè. A me piacciono di più pucciati nel classico vin santo. Per questo menù, invece, li ho abbinati a una tazzina piena di crema pasticcera, un'idea molto originale e raffinata, proprio come la mia cara amica Cristina Pistocchi che me l'ha consigliata.

Per 6 persone: 500 g di farina • 500 g di zucchero • 200 g di mandorle (meglio non spellate) • 100 g di burro • 4 uova • 1 bustina di vanillina • sale • 1 cucchiaino di lievito per dolci (facoltativo)

Sbattere le uova con lo zucchero, aggiungere il burro sciolto e le mandorle intere. Unire anche la farina poco per volta il lievito, la vanillina e un pizzico di sale e mescolare prima con il cucchiaio e poi con le mani, rovesciando l'impasto sul piano di lavoro. Se risulta troppo molle e appiccicoso, aggiungere ancora un po' di farina. Poi dividerlo formando dei rotoli grandi come salami e disporli su una placca foderata di carta da forno ben distanziati tra loro. Cuocere a 180° per 20 minuti. Toglierli dal forno e tagliarli obliquamente in modo da ottenere i tipici cantucci. Rimettere i biscottini ancora per 5 minuti circa in forno ventilato a 200° per farli scurire e renderli più croccanti.

BICCHIERINI GOLOSI CON CANTUCCI

Questi bicchierini sono perfetti da presentare insieme a qualche biscottino secco, in particolar modo ai cantucci la cui ricetta è proprio qui sopra! Se non avete troppa voglia di prepararli, compratelamente in pasticceria e dedicatevi soltanto ai bicchierini di crema pasticcera. La cosa importante è che infiliate il cantuccio nella crema solo all'ultimo momento, appena prima di servirlo, altrimenti diventerà molle e davvero poco appetitoso!

Per 6 tazzine: cantucci (ricetta vedi sopra) • 1 tavoletta di cioccolato fondente. *Per la crema pasticcera:* 4 tuorli •

150 g di zucchero • 50 g di farina • 1 bustina di vanillina • 500 ml di latte. *Per guarnire:* cacao amaro o zucchero a velo

Sbattere in un pentolino i tuorli con lo zucchero, aggiungere la farina e la vanillina e continuare a mescolare bene. Unire il latte caldo e porre il pentolino sul fuoco, mescolando fino a che la crema non si sarà raddensata. Spegnere il fuoco e coprire con il coperchio. Tagliare il cioccolato a scagliette o pezzetti piccolissimi. Metterne una manciata sul fondo di ogni tazzina da caffè. Ricoprire con una cucchiaiata o 2 di crema pasticcera calda. Completare con altro cioccolato. Infilare all'ultimo momento prima di servire un cantuccio nella tazzina colma di crema. Spolverizzare con cacao amaro o zucchero a velo e portare subito in tavola.

ORECCHIETTE PATATE E VONGOLE

DA FARE CON GLI AVANZI

Ho pensato che l'unica cosa che può avanzare di una cena così è la zuppetta... perché sfido chiunque a lasciare nel piatto uno scampone reale! Dunque il giorno dopo la si può trasformare in un sughetto per la pastasciutta.

Zuppetta avanzata • orecchiette • pecorino • olio extravergine • sale e pepe

Trasferire la zuppetta in una padella e farla scaldare per qualche minuto. Se risulta troppo brodosa, eliminare un po' di sugo. Lessare le orecchiette in abbondante acqua salata, scolarle e farle saltare per bene con il sugo in modo che si insaporiscano. Completare con pecorino, olio e una macinata di pepe.

SAN VALENTINO DI TERRA

RISOTTO ASPARAGI E BURRATA

Invece di mantecare il classico risotto con il burro, provate ad aggiungere la burrata... il risultato sarà strepitoso. La prima volta che ho sperimentato questo fortunato abbinamento è stato con le lasagne, che da quel giorno sono diventate un mio cavallo di battaglia! Il risotto non ha certo deluso le mie aspettative... Prossimo esperimento, con la classica spaghettata!

Per 2 persone: 200 g di riso • 200 g di asparagi • ½ burrata • 1 scalogno • olio extravergine • burro • ½ cucchiaio di dado granulare di carne • grana • sale e pepe

Lessare gli asparagi in abbondante acqua salata. Scolarli e conservare l'acqua di cottura nella quale sciogliere il dado granulare. In un tegame soffriggere lo scalogno affettato con burro e olio. Tagliare i gambi degli asparagi e farli rosolare con lo scalogno. Tenere da parte le punte. Una volta che i gambi e gli scalogni sono rosolati, aggiungere il riso e fare tostare bene. Sfumare con il brodo fino a che il risotto non sarà quasi pronto e regolare di sale. Aggiungere le punte degli asparagi e portare a cottura con altro brodo. Mantecare il risotto con l'interno morbidissimo della burrata e abbondante grana. Spegnere il fuoco e mescolare vigorosamente. Portare a tavola spolverizzando con altro grana e pepe.

TARTARE CROCCANTE

Il pesce crudo preparato in casa mi fa un po' paura perché non so mai se è ben conservato e perfettamente fresco. La carne cruda invece è un pezzo forte del mio repertorio! Mi piace prendere un bel pezzo di filetto di manzo, tagliarlo a striscioline, poi a pezzetti e poi ancora "batterlo" con il coltello fino a che non diventa praticamente tritato. D'autunno noi piemontesi non resistiamo alla tentazione di grattugiarci un po' di tartufo, oppure in mancanza di un così nobile ingrediente ci accontentiamo di qualche scaglia di grana. In questo caso, invece, un mix di verdurine croccanti rende questa ricetta più fresca e ancora più appetitosa.

Per 2 persone: 200 g di filetto di manzo • olio extravergine • 1 spicchio d'aglio • succo di ½ limone • sale e pepe. *Per guarnire:* 2 ravanelli • 1 pezzo di cetriolo senza buccia • ½ carota • 1 costa di sedano • 1 falda di peperone (in alternativa vanno bene anche il cipollotto e il finocchio)

Prendere un coltello ben affilato e tagliare la carne prima a fettine abbastanza sottili poi, mettendo le fettine una sull'altra, a striscette e ancora a pezzettini. A questo punto "battere" la carne con la lama del coltello in modo da ottenere l'effetto della carne trita. A me piace lasciarla piuttosto grossolana, in modo che si senta ancora la sua consistenza. Sbucciare lo spicchio d'aglio, schiacciarlo e strofinarlo energicamente sulla base di una ciotola in modo che lasci tutto il suo aroma, poi scartarlo e mettere nella ciotola la carne. Condire con olio, sale e pepe e mescolare vigorosamente con le mani fino a ottenere una massa pastosa e omogenea. Questa operazione si può fare in anticipo e lasciare la carne in frigorifero ben coperta da un foglio di pellicola per alimenti.

AGNOLOTTI PASTICCIATI P. 143

Al momento di impiattare riempire un coppapasta di carne. Se non lo avete, come me, lo potete ricavare semplicemente ripiegando e poi arrotolando ad anello un foglio di carta stagnola. Schiacciare bene la carne e poi togliere il coppapasta in modo da lasciare la carne in forma. Una tartare di 100 g va bene come secondo, di 50 g come antipasto. Tagliare le verdure a bastoncini il più piccoli possibile. Condire con olio, sale e limone, sistemare le verdure sulla carne e servire.

FRAGOLE E CIOCCOLATO

Fragole e cioccolato sono proprio un dessert da innamorati. La mia amica Alessandra, che solitamente con i fornelli non va troppo d'accordo, su mio suggerimento si è cimentata in questo piatto per l'anniversario di matrimonio, e con suo marito, che è quasi uno chef professionista, ha fatto un vero figurone.

20 fragole • 200 g di cioccolato fondente

Pulire le fragole lasciando il ciuffetto verde. Sciogliere il cioccolato tagliato a quadrotti a bagnomaria, cioè in un tegamino immerso in un tegame più grande pieno d'acqua bollente. In questo modo, il contatto non diretto con il fuoco non farà bruciare il cioccolato. È importante non diluire il cioccolato nemmeno con una goccia di acqua o latte, altrimenti farà fatica a indurirsi. Una volta che il cioccolato è sciolto, infilzare ogni fragola dalla parte verde con uno stuzzicadenti e immergerla nel cioccolato. Appoggiarla su un foglio di carta da forno, togliere lo stuzzicadenti e lasciare raffreddare. Se fa molto caldo, si possono mettere in frigorifero. Meglio consumarle il giorno stesso in cui si preparano, altrimenti la fragola potrebbe diventare troppo molle.

HAMBURGER DI FILETTO

DA FARE CON GLI AVANZI

Se vi avanzerà un po' di tartare avrete l'opportunità di mangiare degli hamburger davvero super!

Tartare di carne • salsa Worchester • 1 sottiletta • pane per hamburger • verdurine tagliate a julienne • olio extravergine • sale

Formare degli hamburger con la carne cruda avanzata e cuocerli per 2-3 minuti in una padella antiaderente leggermente unta d'olio. Girarli sull'altro lato, salarli e spruzzarli con la salsa Worchester. Dopo altri 2 minuti coprire gli hamburger con la sottiletta, abbassare il fuoco e lasciare cuocere con il coperchio ancora per un minuto. Tagliare il pane a metà e appoggiare sulla base l'hamburger con la sottiletta sciolta. Completare con le verdurine tagliate a julienne avanzate dalla tartare, sopra la sottiletta. Meglio non chiudere l'hamburger, ma lasciare la parte superiore del pane di fianco, in modo che ognuno prima di chiuderlo ne possa ammirare il contenuto.

FESTA DELLA DONNA

Menù in rosa, dolce e raffinato, come solo le donne sanno essere! Questa volta però a cucinarlo per mogli, mamme e sorelle, saranno gli uomini!

MUFFIN SALATI CON POMODORINI SECCHI E PROSCIUTTO

Questi deliziosi muffin morbidi e gustosi sono perfetti per l'aperitivo, ma sono anche molto carini da mescolare insieme a grissini e focacce nel cestino del pane. Se avanzano, conservateli in una busta di plastica così resteranno soffici e appetitosi più a lungo.

Per 8-10 pezzi: 70 g di pinoli • 70 g di pomodorini secchi • 2 fette di prosciutto cotto • 250 g di farina • 4 uova • 1 bustina di lievito istantaneo per torte salate • 50 ml di latte • 70 ml di olio extravergine • burro

Sbattere le uova con il latte e l'olio. Mescolare la farina con il lievito e unirla all'impasto. Tagliare a pezzetti i pomodorini e il prosciutto e incorporarli al resto. Aggiungere in ultimo i pinoli e mescolare il tutto. Imburrare e infarinare gli stampi da muffin o usare i pirottini di carta. Riempire gli stampini per metà. Cuocere in forno a 180° per 20-30 minuti fino a che non saranno dorati e ben lievitati.

LASAGNE AL SALMONE

L'accostamento robiola e salmone affumicato secondo me è buonissimo anche per preparare dei semplici tramezzini. La robiola è più leggera e cremosa del burro e con il salmone si sposa benissimo. Le porzioni di questa ricetta sono per una piccola teglia quadrata, 20 x 20 cm circa.

Per 4 persone: 6 sfoglie di lasagne già pronte • 400 g di filetto di salmone • 300 g di robiola • 100 g di salmone affumicato • 1 scalogno • burro • 100 ml di latte • grana • pangrattato • olio extravergine • sale e pepe

Rosolare lo scalogno tagliato sottile con il burro, unire il filetto di salmone, salare e cuocere fino a che non si sarà completamente spezzettato, mescolando ogni tanto. Tagliare il salmone affumicato a striscioline, frullarlo con la robiola e aggiungere tanto latte quanto basta per ottenere una crema molto morbida e fluida. Comporre le lasagne distribuendo un primo strato di crema sul fondo di una piccola teglia quadrata. Posizionare 2 sfoglie leggermente sovrapposte, ricoprirle con altra crema, metà del salmone fresco cotto in padella e una manciata di grana. Sistemare altre 2 sfoglie, la crema di robiola, tutto il restante salmone fresco e altro grana. Concludere con le ultime 2 sfoglie, abbondante crema di robiola, grana, pangrattato, un filo d'olio oppure qualche fiocchetto di burro e pepe. Aggiungere ancora un po' di latte ai 4 angoli della teglia per favorire la cottura delle lasagne e poi cuocere in forno a 180° per circa 15 minuti, coprendo la teglia con la carta stagnola, e altri 5-10 senza, per fare gratinare bene.

FILETTO AL PEPE ROSA

Un piccolo omaggio alla cucina degli anni Ottanta, in cui il filetto al pepe verde andava alla grande. Io però ho preferito sostituire il pepe verde con quello rosa. Queste bacche sono molto più delicate e si mangiano insieme alla carne senza avere un gusto troppo piccante... e poi sono perfette per guarnire il piatto!

Per 2 persone: 2 spessi medaglioni di filetto • 1 vasetto di pepe rosa in salamoia • rosmarino • 150 ml di panna fresca • 1 spicchio d'aglio • olio extravergine • sale

Legare la circonferenza dei medaglioni con lo spago e fare un bel fiocchetto. Rosolare in padella con poco olio lo spicchio d'aglio, poi toglierlo e aggiungere i medaglioni di filetto. Sopra a ognuno mettere un piccolo rametto di rosmarino. Cuocere la carne 2 minuti per lato. Salare e togliere dal fuoco. Versare nella padella la panna, un cucchiaino di pepe rosa e un po' di salamoia (attenzione perché è molto salata). Cuocere per pochissimi minuti e poi servire. Potete rimettere il filetto in padella rigirandolo nel sugo oppure servire la carne nel piatto con una cucchiaiata di sugo a parte.

ROTOLO DI FRUTTI DI BOSCO E PANNA

Un dolce che va bene in tutte le stagioni. Quando non trovo i frutti di bosco freschi, infatti, io uso quelli surgelati. In altre occasioni invece utilizzo fragole, pesche o ciliege denocciolate.

120 g di zucchero • 120 g di farina • 4 uova • 1 bustina di vanillina. *Per la farcia:* 400 ml di panna fresca • 2 cestini di frutti di bosco (oppure di fragole o di lamponi) • 1 cucchiaio di zucchero a velo

Sbattere i tuorli con lo zucchero finché non diventeranno bianchi e spumosi. Montare gli albumi a neve. Ai tuorli sbattuti, aggiungere gli albumi e la farina poco per volta, mescolando sempre dal basso verso l'alto in modo da ottenere un composto morbido e soffice. Unire anche la vanillina. Foderare una teglia con carta da forno. Versare l'impasto in modo che rimanga abbastanza sottile (1 cm circa di altezza). Cuocere a 180° per 10 minuti. Bisogna toglierlo appena diventa un po' dorato. Stendere un canovaccio, spolverizzarlo di zucchero e rovesciarci sopra la torta con la carta da forno rivolta verso l'alto. Toglierla, arrotolare delicatamente il canovaccio con dentro la torta e lasciare raffreddare. Nel frattempo

ROTOLO
DI FRUTTI DI BOSCO
E PANNA P. 190

montare la panna e unire delicatamente i frutti di bosco e lo zucchero a velo (se si usano le fragole meglio tagliarle a dadini). Aprire il rotolo avvolto nel canovaccio, spalmare la farcia nel centro lasciando liberi i bordi, richiuderlo e capovolgerlo in modo che l'apertura sia sotto. Lasciarlo riposare in frigorifero anche un'intera notte. Prima di servire spolverizzarlo di zucchero a velo.

BICCHIERINI CON PANNA MONTATA, MERINGHE E FRUTTI DI BOSCO O BICCHIERINI GOLOSI

DA FARE CON GLI AVANZI

Io che sono una golosa, quando preparo la farcia per il rotolo ne faccio sempre un po' di più. Cosa farne? Dei deliziosi piccoli dessert.

Farcia avanzata • meringhe

Distribuire una cucchiaiata di farcia in ogni bicchierino da dessert. Guarnire con un po' di meringa sbriciolata e conservare in frigorifero fino al momento di servire.

COMUNIONI O BATTESIMI A BUFFET DI TERRA

Queste sono le classiche occasioni in cui ci si ritrova con una gran quantità di parenti e la tavola per tutti diventa un po' stretta. Meglio allora allestire un ricco

buffet e sistemare tante sedie e tanti punti d'appoggio in giro per la casa.

CAVIALE DI MELANZANA

Questa è una ricetta greca dal nome sfizioso e dal gusto delizioso. Il segreto è fare stracuocere le melanzane finché non diventeranno, più che un caviale, un pâté di verdura asciutto e abbrustolito, perfetto da spalmare sul pane e servire come aperitivo. Costo contenuto, ottimo risultato.

***Per 4 persone:* 1 melanzana • 1 cipolla • ½ bicchiere scarso di passata di pomodoro • 1 mazzetto di prezzemolo • olio extravergine • sale**

Affettare ad anelli la cipolla, tagliare a tocchetti la melanzana e mettere in padella con un filo d'olio, la passata e un po' di sale. Questo piatto deve cuocere moltissimo, per circa 40 minuti a fuoco basso, fino a che la melanzana non sarà completamente spappolata, un po' abbrustolita e molto asciutta. A questo punto trasferire il tutto nel mixer con il prezzemolo. Tritare fino a ottenere una crema omogenea. Servirla in una ciotolina accompagnata da crostini caldi e croccanti.

QUICHE Z.Z.

Le due "z" stanno per zucca e zola, un abbinamento squisitissimo. Questa quiche è stata la vera rivelazione del mio ultimo anno ai fornelli. Premetto che io ho un debole sia per il gorgonzola sia per la zucca. Uniti insieme e arricchiti da grana e ricotta, formano una farcia per me assolutamente irresistibile. Infatti, dopo averla cucinata e averne divorato

2 o 3 fette, spesso decido di regalarla agli amici per paura di mangiarmela tutta nel giro di una sola giornata.

1 rotolo di pasta sfoglia rotonda • 700 g di zucca • 300 g di gorgonzola • 250 g di ricotta • 50 g di grana • 2 uova • sale

Pulire e tagliare a pezzetti la zucca, poi lessarla in acqua salata fino a che non sarà morbidissima. Scolarla e schiacciarla con la forchetta. Unire la ricotta e il gorgonzola tagliato a tocchetti, il grana e le uova. Mescolare bene in modo da ottenere un impasto omogeneo. Aggiustare di sale. Stendere la pasta sfoglia in una tortiera foderata di carta da forno, fare un bordino tutt'intorno e bucherellare la base. Versare l'impasto e infornare a 180° per circa 40 minuti. La torta deve gonfiarsi, la superficie deve diventare un po' abbrustolita e la sfoglia ben dorata.

ORECCHIETTE GRATINATE AL CAPRINO E MELANZANE

Se amate la pasta gratinata, ecco una bella variante alle solite ricette. Il caprino e la melanzana insieme stanno proprio bene e la ricetta è facile facile. Quando si è in tanti, meglio optare per una pasta al forno. Si prepara prima e non tradisce mai.

Per 6 persone: 500 g di orecchiette • 2 melanzane • 150 g di caprino • 300 g di pomodorini • olive taggiasche denocciolate • basilico • olio extravergine • tanto grana • sale e pepe

Tagliare le melanzane a metà nel senso della lunghezza e praticare con un coltello dei tagli nella polpa per farle cuocere più velocemente. Avvolgere le 4 metà nella stagnola e passarle in forno a 180° per 40-50 minuti, fino a che non saranno molto morbide. Spellarle e tritarle nel mixer con il caprino, l'olio e il sale. Lessare le orecchiette, scolarle e unirle in una ciotola con la crema di melanzane, i pomodorini tagliati a metà, tenendone da parte una manciata, 2 cucchiai di olive e il basilico. Trasferire il tutto in una pirofila, guarnire con il resto dei pomodorini, ancora una cucchiaiata di olive, basilico e tanto grana. Completare con altro olio e passare al grill, fino a che la superficie della pasta non sarà gratinata e croccante. Servire subito.

MANZO ALL'OLIO DI ROVATO

Questa splendida ricetta della provincia di Brescia mi arriva dalla mia collega Monica Gasparini. Un giorno in redazione ha decantato con un tale entusiasmo la bontà di questo piatto che mi ha fatto subito venire voglia di provarlo. Come al solito aveva ragione! È squisito e perfetto per un pranzo a buffet perché si prepara in anticipo e si serve già affettato.

Per 6 persone: 600 g di manzo (cappello del prete) • 2 bicchieri di olio extravergine • 2 spicchi d'aglio • 2 acciughe • ½ costa di sedano • ½ carota • 1 cipolla piccola • 1 manciata di prezzemolo tritato • 2 manciate di pangrattato • 1 manciata di grana

Adagiare in una casseruola la carne (se volete potete legarla con un po' di spago da cucina per tenerla in forma). Ricoprirla interamente con un bicchiere d'acqua e l'olio. Aggiungere aglio, acciughe, sedano, carota e cipolla interi e cuocere a fuoco dolce con il coperchio per almeno 2 ore. Il liquido dovrà asciugarsi per metà e la carne diventerà tenerissima. A cottura ultimata togliere l'arrosto dalla casseruola e lasciarlo intiepidire. Tagliare a fette e disporre in una teglia che vada anche in forno. Unire al sugo dell'arrosto il pangrattato, il prezzemolo e il grana in modo da ottenere una salsa densa e cremosa. Versarla sulla carne e riscaldare il tutto in forno prima di portare a tavola.

CIALDE NOCCIOLA E CIOCCOLATO

Sottili, croccanti, delicate, perfette da servire con il caffè e i liquori, oppure con un buon gelato.

100 g di nocciole pelate • 100 g di farina • 100 g di zucchero • 100 g di burro • 2 cucchiai di cacao • sale

Tritare le nocciole. Sciogliere il burro, mescolarlo con le nocciole, aggiungere lo zucchero, la farina, il sale e impastare tutto con le mani. Se l'impasto dovesse risultare troppo morbido, lasciarlo riposare in frigorifero avvolto nella pellicola per alimenti per mezz'ora. Prendere una noce di impasto e appiattirlo tra le mani. Appoggiarlo su una teglia foderata di carta da forno e dargli una bella forma rotonda. Ripetere l'operazione fino a esaurimento dell'impasto (verranno circa 2 teglie). Cuocere a 180° per 8-10 minuti. Attenzione perché le nocciole bruciano in fretta. Appena sfornate, le cialde saranno morbidissime. Lasciarle raffreddare nella teglia finché non si induriscono.
Per una cottura perfetta dei biscotti vedere l'introduzione alla ricetta di p. 262.

PASTA FREDDA CON CAVIALE DI MELANZANE

DA FARE CON GLI AVANZI

La pasta con le melanzane è una bontà assoluta, pensate alla classica "pasta alla Norma" siciliana. Senza arrivare a tali livelli, questa crema si addice perfettamente a una veloce pasta fredda.

Pasta corta • caviale di melanzana • olive nere • 1 mozzarella • prezzemolo o basilico

Lessare la pasta al dente, passarla sotto l'acqua fredda, metterla in una ciotola e condirla con il caviale di melanzane, le olive, la mozzarella tagliata a dadini e prezzemolo fresco o basilico a seconda dei gusti.

COMUNIONI O BATTESIMI A BUFFET DI MARE

•POLPO E CECI•

Parlare di cucina con la mia amica Francesca è sempre proficuo... alla fine ogni volta riesco a guadagnarci qualche bella idea per i miei menù. Il suggerimento di unire al classico polpo i ceci, invece delle solite patate, arriva da lei. Questo piatto si può anche arricchire con i pomodorini, soprattutto se all'ultimo momento c'è qualche ospite in più e avete bisogno di aumentare un po' le dosi.

***Per 4-6 persone:* 1 polpo da 1 kg circa • 1 lattina di ceci da 200 g • 1 foglia di alloro • prezzemolo • limone • 4 cipollotti • olio extravergine • sale e pepe**

Immergere il polpo già pulito e pronto per la cottura in acqua bollente non salata e lasciarlo cuocere per circa un'ora e mezza, fino a che toccandolo con la forchetta non risulterà morbidissimo. Farlo intiepidire nella sua acqua. Una volta pronto, scolare i ceci e sbollentarli per 10 minuti in acqua

POLPO E CECI P. 197

salata con una foglia di alloro, fino a che non si saranno ammorbiditi. Tagliare i tentacoli a tocchetti e metterli in una ciotola con i ceci sbollentati e scolati, i cipollotti tagliati ad anelli e il prezzemolo tritato. Condire il tutto con sale, limone, olio e pepe.

SCIALATIELLI CON TRIGLIE E PEPERONI

Questa pasta è un'idea di Fabio, che si dimostra costruttivo anche nelle critiche. Infatti, tutto è nato da un esperimento poco riuscito di una pasta con granchio in scatola e peperoni. Dopo avermela bocciata senza pietà ha buttato là un suggerimento... "Secondo me qui ci starebbero bene le triglie." Detto fatto, aveva ragione!

Per 6 persone: **500 g di pasta fresca non all'uovo (io uso gli spaghettoni) • 200 g di filetti di triglia • 1 peperone piccolo • 4 cipollotti • prezzemolo • olio extravergine • sale e pepe**

Affettare ad anelli sottili i cipollotti, tagliare il peperone a quadretti piccoli, un po' come se fossero coriandoli, mettere tutto in padella con abbondante olio e rosolare a fuoco vivace per circa 5 minuti. Nel frattempo togliere le spine dai filetti di triglia con una pinzetta. Trasferire le triglie in padella, salare e cuocere altri 5 o 6 minuti, mescolandole al soffritto in maniera che la polpa si spezzetti amalgamandosi al resto degli ingredienti. Lessare la pasta, scolarla e unirla al sugo con mezzo bicchiere di acqua di cottura. Saltare a fuoco vivace per pochi minuti. Completare con una macinata di pepe e il prezzemolo tritato.

GULASH DI PESCATRICE CON PANNA ACIDA E PAPRICA

Un piatto un po' azzardato, per chi non ha paura di sperimentare. Si tratta di una specie di delicato spezzatino che si presenta molto cremoso ed è perfetto da servire con le patate bollite oppure con il riso. Il retrogusto acidulo unito al gusto deciso della paprica lo rende tutt'altro che banale. Da provare!

Per 4-6 persone: 500 g di rana pescatrice • 2 porri • 400 g di patate • 1 cucchiaio di paprica • olio extravergine • farina • 200 ml di panna • ½ limone • sale

Per preparare la panna acida, unire il succo di limone alla panna fresca, mescolare e lasciare riposare. Pulire e tagliare la rana pescatrice a pezzetti, affettare sottilmente i porri e sbucciare e tagliare a tocchetti le patate. Mettere patate e porri in acqua fredda e salata. Dal momento in cui l'acqua comincia a bollire fare cuocere per 5 minuti. Nel frattempo infarinare il pesce e rosolarlo in un po' d'olio spolverizzandolo con la paprica. Si formerà una bella crosticina rossastra e profumata. Scolare le verdure e aggiungerle al pesce, rosolare brevemente e aggiustare di sale. Se non amate la panna acida, sfumare con un po' di vino e portare a cottura, altrimenti aggiungere la panna acida con un goccio d'acqua, mettere il coperchio e portare a cottura. Servire con altra paprica.

BOCCONCINI DI PESCE SPADA E MOZZARELLA

Se il gulash di pescatrice vi sembra un po' azzardato, potete affiancargli questo furbissimo "finger secondo", cioè un secon-

do che si mangia con le mani e dunque è perfetto da spiluccare in un buffet. Si tratta di un delizioso cubetto di pesce spada leggermente scottato in padella che viene infilzato accanto a un cubetto di fresca mozzarella. Vi assicuro che i 2 andranno perfettamente d'accordo. In alternativa potete usare il tonno.

Per 6 persone: 200 g di pesce spada tagliato in 2 fette spesse • 2 mozzarelle fior di latte di ottima qualità • basilico • olio extravergine • sale grosso

Tagliare il pesce spada a cubetti, ungere una padella con poco olio e sale e farlo saltare per 2 minuti appena, a fuoco vivace. Deve abbrustolirsi ma rimanere crudo dentro. Tagliare la mozzarella a cubetti della stessa misura del pesce. Infilzare in uno stuzzicadenti un cubetto di spada e poi uno di mozzarella. Completare con una foglia di basilico. Per rendere il tutto ancora più goloso passare gli spiedini per qualche minuto nel forno caldo ma spento. La mozzarella si ammorbidirà senza però sciogliersi. In questo caso, aggiungere solo all'ultimo la foglia di basilico.

CHEESE CAKE AL CIOCCOLATO

Quanto è buona questa torta! Il procedimento è quello classico di una cheese cake con il guscio di biscotti sbriciolati tenuti insieme con il burro. Questa versione però sa un po' meno di formaggio, perché è fatta con la ricotta, che è molto delicata, e tanto cioccolato. Devo aggiungere altro?

250 g di biscotti secchi tipo Digestive • 100 g di burro • 150 g di cioccolato fondente • 2 uova • 125 g di zucchero • 1 bustina di vanillina • 500 g di ricotta • 1 cucchiaino di caffè

Tritare i biscotti e mescolarli con il burro fuso in una ciotola. Stendere l'impasto ottenuto in una tortiera ricoperta di carta da forno e schiacciare bene con le mani in modo da ottenere un disco compatto che sarà la base della nostra torta. Per la farcia, come prima cosa fondere il cioccolato in un pentolino con qualche cucchiaio d'acqua e il caffè e lasciare raffreddare. Sbattere in una ciotola i tuorli con lo zucchero (gli albumi vanno tenuti da parte), unire la ricotta e mescolare bene. Aggiungere anche la vanillina e il cioccolato fuso e amalgamare il tutto. In ultimo montare i bianchi a neve ferma e unirli al resto, mescolando delicatamente dal basso verso l'alto. Rovesciare il composto sulla base della torta, livellare bene e passare in forno a 180° per 40 minuti circa. Fare raffreddare e lasciare riposare in frigorifero prima di servire, spolverizzando di zucchero a velo.

PASTA GRATINATA CON PEPERONI E TRIGLIE

DA FARE CON GLI AVANZI

Il modo più gustoso e veloce per riciclare la pasta è farla gratinare in forno dopo averla arricchita con un po' di formaggio. È esattamente quello che faremo.

Pasta avanzata peperoni e triglie • mozzarella • grana • olio extravergine

Tagliare a pezzetti la mozzarella, mescolarla con la pasta fredda, mettere il tutto in una pirofila abbastanza grande, in maniera che lo strato di pasta non sia troppo spesso e la superficie gratinata sia più ampia. Spolverizzare con il grana, completare con un filo d'olio e passare al grill finché la pasta non sarà ben gratinata.

DITA DI STREGA P. 206

HALLOWEEN

Secondo alcuni, Halloween non è una ricorrenza della nostra tradizione e dunque non ci appartiene... ma io trovo che per festeggiare ogni scusa sia buona e poi i bambini si divertono così tanto! Io mi faccio un sacco di risate quando i miei figli si travestono e bussano alle porte dei vicini, pretendendo di ricevere sacchi di caramelle come nei film americani. Peccato che molti non ci pensino proprio ad Halloween. Colti alla sprovvista, devono rimediare con quello che hanno in casa: confetti di remoti matrimoni, biscotti della colazione, frutta... Una volta i bambini hanno portato a casa una confezione di spaghetti! In ogni caso rimangono soddisfatti lo stesso e l'occasione è perfetta per fare due chiacchiere e stringere amicizia!

GNOCCHI DI ZUCCA CON CREMA DELICATA DI GORGONZOLA

A Halloween non si può non mangiare almeno un piatto a base di zucca! Io però questi gnocchi li mangerei tutto l'anno, perché sono davvero squisiti. Se ai bambini il gorgonzola proprio non piace, si possono condire benissimo con burro, salvia e grana.

Per 4-6 persone: 500 g di zucca • 250 g circa di farina • 50 g di burro • sale. *Per la salsa:* 200 g di gorgonzola dolce • 100 ml circa di latte • grana • pepe

Togliere i semi e i filamenti interni alla zucca. Affettarla, sistemarla sulla placca del forno e coprirla con la stagnola. Fare cuocere a 200° per 40-50 minuti circa, fino a quando non sarà morbidissima. Togliere la buccia e frullare la polpa finché è ancora calda con il burro. Trasferire in una ciotola, aggiustare di sale e aggiungere poco per volta la farina, impastando prima con il cucchiaio e poi con le mani. Trasferire sul tagliere e continuare a impastare. Se necessario aggiungere altra farina in modo da ottenere un panetto morbido, elastico e non appiccicoso. Dividerlo a pezzetti e ricavare dei rotolini spessi un dito. Tagliarli a tocchetti e passarli sui rebbi della forchetta: ecco fatti gli gnocchi. Sciogliere a fuoco dolce il gorgonzola con il latte, lessare gli gnocchi e scolarli con la schiumarola appena vengono a galla. Condirli con la salsa al gorgonzola, tanto grana e una macinata di pepe.

SALSICCIA E UVA

Ecco un modo un po' più fresco per mangiare la salsiccia. L'agrodolce regala quel gusto leggermente sgrassante che sta proprio bene. A me piace servire questo piatto anche come aperitivo: taglio le salsicce a tocchetti piccoli e presento uva e salsiccia infilzate negli stuzzicadenti con le bandierine, pronte da gustare. Sì lo so... è un po' kitsch, ma fa tanta allegria! A proposito di kitsch, se proprio volete esagerare presentate ai bambini questo piatto come "occhi di strega e dita di mago".

Per 4 persone: 300 g di salsiccia • 60-100 g di acini d'uva bianca • 100 ml di aceto di mele • rosmarino • olio extravergine • sale

Tagliare la salsiccia a tocchetti e farla rosolare con un po' d'olio in padella per circa 4 minuti. Salare e poi sfumare con l'aceto. Mettere il coperchio e lasciare cuocere per altri 4 minuti con il rosmarino. Nel frattempo sgranare l'uva, tagliare a metà gli acini più grandi e mettere tutto in padella. Cuocere a fuoco vivace per altri 4-5 minuti e servire come aperitivo in un piatto dai bordi leggermente alti con le salsiccette e gli acini d'uva infilzati negli stuzzicadenti.

DITA DI STREGA

Questo è davvero il mio capolavoro. Quando l'ho presentato in tv ho ricevuto decine di messaggi di amici scandalizzati e divertiti per questi dolcetti davvero terrificanti. Eh sì, perché sembrano proprio delle nodose dita mozzate di strega, con tanto di unghia ingiallita fatta con la mandorla. I vostri ospiti grandi e piccini impazziranno perché sono anche buonissime. Il segreto è presentarle affogate in una pozza... di salsa alla fragola, grazie alla quale diventeranno ancora più irresistibili.

Per 6 persone: 280 g di farina • 100 g di burro • 1 pizzico di sale • 1 bustina di vanillina • 1 cucchiaino di lievito per dolci • 100 g di zucchero • 1 uovo • 1 confezione di mandorle a scaglie (se non le avete vanno bene anche intere). *Per la salsa:* 300 g di marmellata di fragole

Frullare con il mixer farina, burro a tocchetti, zucchero, vanillina, lievito e sale. Aggiungere l'uovo e frullare ancora fino a che l'impasto non sarà diventato tutto sbricioloso. Togliere dal mixer e lavorare con le mani fino a ottenere un panetto plastico e omogeneo. Prelevare un pezzetto alla volta, formare una pallina (attenzione che in cottura cresceranno molto) con le mani e poi trasformarla in un bastoncino: il dito della strega. Prendere una lamella di mandorla (va bene anche una mandorla intera) e posizionarla sull'estremità del dito, facendola penetrare appena appena nella pasta in modo che rimanga ben fissata (l'unghia della strega). Con un coltello praticare dei taglietti in corrispondenza delle nocche del dito per renderlo più realistico. Cuocere a 180° per circa 10 minuti. Per la salsa, mettere la marmellata in un pentolino, allungare con circa mezzo bicchiere d'acqua e fare scaldare a fuoco dolce per qualche minuto, in modo da ottenere una salsa densa ma non troppo, proprio come una pozza di sangue!

RISO CON SALSICCIA E UVA

DA FARE CON GLI AVANZI

Il gusto leggermente agrodolce della salsiccia con l'uva non va a braccetto con la pasta, ma mi sembra perfetto con il riso. Dunque prepareremo riso, salsiccia e uva.

Riso • salsiccia e uva avanzate

Lessare il riso, ripassarlo in padella con la salsiccia e l'uva e servire in ciotoline stile cinese!

COMPLEANNO DEI BIMBI

A casa mia il compleanno dei bambini è una vera istituzione. All'inizio compravo cappellini e trombette e decoravo tutta la casa con i festoni. Una fatica tremenda! Poi con il tempo ho capito che gli articoli più getto-

nati sono i palloncini gonfiati con l'elio. Li attacco ai muri con lo scotch a gruppi di 3 o 4 e a fine festa i bambini li portano a casa. Anche sul menù ho aggiustato il tiro, dopo anni di prove e riprove. Questa è la merenda classica che preparo e sistemo sulla tavola da pranzo. Per le mamme e i papà che partecipano alla festa tengo in fresco una bottiglia di spumante e qualche stuzzichino... ma di solito questo è il territorio di Fabio!

PANINI IMBOTTITI

Che festa sarebbe senza panini imbottiti? A me viene sempre in mente la favola di Pinocchio, la mia preferita! Pinocchio che convince gli amici ad andare alla festa organizzata per lui dalla Fata Turchina, annunciando orgoglioso: "Ci saranno i panini imburrati di sotto e di sopra". Io e mio fratello Roberto lo citiamo a ogni compleanno! Senza usare il burro, che è un po' pesante, anch'io però spalmo ricotta o robiola nei miei panini imbottiti prima di farcirli con prosciutto cotto, crudo o salame, così resteranno più morbidi e il ripieno più appiccicato al pane. Poi infilzo ogni panino con uno stuzzichino allegro decorato con le bandierine e li tengo coperti fino al momento di servirli.

PIZZA AI WÜRSTEL PER MERENDA

La pizza coi würstel di solito piace a tutti i bambini. Non ci metto la mozzarella, così è più leggera e più facile da mangiare. Inoltre cerco di sfornarla circa un quarto d'ora prima

FINTA PIZZA DI FRAGOLE
E CIOCCOLATO P. 210

dell'arrivo degli ospiti, così non è troppo rovente al momento di servirla. Se non avete voglia di fare la pasta, compratela dal panettiere. Verrà buonissima lo stesso, basta lasciarla lievitare per bene, e vi farà risparmiare un po' di tempo che in giornate come quelle dei compleanni dei bimbi... non è poca cosa!

Per la pasta della pizza: 500 g di farina 00 • ½ panetto di lievito di birra • 2 cucchiaini di sale • 1 cucchiaino di zucchero (in alternativa acquistare la pasta della pizza già pronta). *Per il condimento:* 1 bottiglia di passata di pomodoro • 3 würstel • olio extravergine • sale

Versare la farina in una pentola alta (quella per lessare la pasta). Sbriciolarvi il lievito di birra, unire il sale e lo zucchero. Poco per volta aggiungere 300-400 ml di acqua tiepida e cominciare a mescolare con un cucchiaio di legno. Continuare fino a raggiungere la consistenza desiderata, cioè una massa morbida e omogenea. Lavorare l'impasto con la punta del cucchiaio per circa 10 minuti con movimenti rotatori in modo da formare una specie di palla. Coprire quindi con un canovaccio e lasciare lievitare per un'ora. Una volta lievitata, stendere la pasta su una teglia foderata di carta da forno e unta di olio. Ricoprire con uno strato di passata di pomodoro, tagliare i würstel a rondelle e sistemarli sulla pizza. Completare con un po' di sale e un filo d'olio. Cuocere in forno ventilato a 200° per 10-15 minuti. Lasciare intiepidire e servire già tagliata a quadrotti.

FINTA PIZZA DI FRAGOLE E CIOCCOLATO

Quanto mi diverte questo piatto! Me lo ha insegnato uno chef molto creativo che si chiama Francesco Gotti. Sembra di man-

giare una pizza con pomodoro e mozzarella... e invece quella che si ha davanti è una crostata di pasta sfoglia con marmellata di fragole e cioccolato bianco! Una ricetta perfetta anche per il primo d'aprile!

1 rotolo di pasta sfoglia rotonda • 200 g di marmellata di fragole o lamponi • 50 g di cioccolato bianco • qualche fogliolina di menta

Stendere la pasta sfoglia su una teglia ricoperta di carta da forno e formare un piccolo bordino tutto intorno come se fosse la classica crosta della pizza. Bucherellare bene la base e distribuire uno strato abbondante di marmellata. Cuocere in forno per circa 10 minuti a 180°, gli ultimi 3 o 4 con il calore solo sotto per essere sicuri che la base della torta sia ben cotta. Aggiungere il cioccolato tagliato a 2 quadrotti per volta, disponendolo come di solito si distribuisce la mozzarella sulla pizza margherita. Passare in forno per altri 5 o 6 minuti, fino a che il cioccolato non sarà ben sciolto e la sfoglia dorata e croccante. Servire tiepida, guarnita con foglioline di menta.

CUPCAKE CIOCCOLATO BIANCO E VANIGLIA

I cupcake sono di gran moda negli Stati Uniti. Si tratta di semplici muffin ricoperti di glassa e impreziositi con golosissimi decori. Il dolcetto perfetto per il compleanno dei bambini.

Per 12 pezzi: 60 g di burro • 200 g di zucchero • 4 uova • 250 g di farina • 2 cucchiaini di lievito per dolci • 1 fialetta di essenza alla vaniglia oppure 1 bustina di vanillina • 60 ml di yogurt bianco • 60 ml di latte • 50 g di cioccolato bianco. *Per la glassa:* 120 g di zucchero a velo • 50-60 g di burro molto morbido • ½ fialetta di essenza alla vaniglia (o ½ bustina di vanillina) • latte

Sbattere le uova con lo zucchero, aggiungere il burro, il latte, lo yogurt e la vaniglia. Mescolare bene il tutto, poi incorporare la farina e il lievito. Unire all'impasto il cioccolato bianco tagliato a quadrotti piccoli. Imburrare e infarinare gli stampini da muffin. Riempirli per metà di impasto. Cuocere in forno a 180° per 25 minuti circa. Sfornare e lasciare raffreddare. Per la glassa mescolare vigorosamente lo zucchero con il burro morbidissimo e la vaniglia fino a ottenere una crema vellutata. Aggiungere il burro e il latte poco per volta in modo da essere certi di raggiungere la giusta consistenza. Spalmare la crema sulla parte superiore dei cupcake e lasciare riposare fino a che non si saranno solidificati. Io aggiungo anche piccoli confettini argentati o codette di cioccolato colorate.

TORTA DI ANTONIA

Questa è proprio una torta di compleanno perfetta: ha una deliziosa glassa di cioccolato, si può decorare con roselline e animaletti colorati e ha un interno soffice ma molto semplice, quindi gradito a tutti. Sono anni che cerco di farmi dare la ricetta dalla mia amica Antonia Maiello, il problema è che lei, grande esperta di torte, la prepara sempre a occhio, senza segnarsi le dosi. Un vero disastro. Per anni l'ho solo assaggiata senza poterla mai rifare. Alla fine ho escogitato lo stratagemma vincente per ottenere dosi e ingredienti precisi: l'ho invitata in trasmissione, le ho messo davanti una bilancia e le ho fatto cucinare la sua super torta! Attenzione perché c'è un segreto. Non cambiate l'ordine degli ingredienti... altrimenti non vi verrà buona come quella di Antonia!

250 g di ricotta • 250 g di zucchero • 3 uova • 75 g di cacao amaro • 1 bustina di lievito per dolci • 100 g di burro • 80 g di farina. *Per la glassa:* 100 g di cioccolato fondente

Lavorare la ricotta con lo zucchero usando le fruste elettriche. Sempre con le fruste elettriche oppure... con molto vigore, incorporare le uova, il cacao amaro, la farina mescolata con il lievito e infine il burro sciolto. Continuare a sbattere bene fino a ottenere una crema tipo mousse. A questo punto trasferire l'impasto in una tortiera foderata di carta da forno e cuocere a 180° per 30 minuti. Per la glassa, sciogliere il cioccolato fondente tagliato a pezzetti a bagnomaria (cioè in un tegame piccolo immerso in uno più grande pieno di acqua bollente) e spalmarlo con una spatola sulla torta, una volta che si sarà raffreddata. A questo punto si può decorarla con farfalline o roselline di zucchero, codette colorate oppure le immagini dei personaggi dei cartoni preferiti.

RINFORZO PER INSALATE E VELLUTATE

Il giorno dopo una festa di compleanno spesso si ha voglia di mangiare leggero: se conservate bene le focacce e le pizze sigillate nella pellicola in modo che non si secchino, il gioco è fatto. Basta tagliarle a pezzetti, se necessario passarle un attimo in forno e poi servirle mescolate in un'insalata o in una vellutata di verdura.

Anche se non avete figli piccoli, potete andare avanti a leggere comunque! Potreste trovare qualche spunto interessante per le vostre cenette più golose. Qui infatti ho radunato tutti i piattini semplici e appetitosi che solitamente amano i miei figli... ma anche mio marito. Però devo confessarvi una cosa: io raramente cucino primo e secondo. Preferisco preparare un piatto unico completo ed equilibrato, arricchito da diverse verdure. Dunque molte delle pietanze che seguono possono essere servite anche da sole, magari accompagnate da un frutto, un dolcetto oppure, perché no, da una piccolissima favola.

PICCOLI MENÙ PER BAMBINI

PICCOLO MENÙ VEGETARIANO

C'era una volta una farfallina bianca che voleva essere colorata come le sue amiche. Così chiese alla fata del cibo una piccola magia e lei donò alla farfallina petali arancioni sfavillanti e bellissimi pois verde pisello.

FARFALLE CON CREMA DI GRANA E PETALI DI ZUCCA

Considerare questa pasta un piatto da bambini in effetti è un po' riduttivo. Io la cucino spesso anche per gli amici e tutti ne vanno pazzi perché è originale e deliziosa. Il fatto è che piace talmente ai miei figli che a furor di bimbi è finita in questa categoria.

Per 4 persone: 200 g di zucca • 300 g di farfalle • rosmarino • olio extravergine • sale grosso. *Per la salsa:* 2 tuorli • 70 g di grana • 200 ml di panna fresca • sale e pepe

Tagliare la zucca a fette sottili, distribuirle su una teglia foderata di carta da forno e condirle con sale grosso, olio e rosmarino tritato. Fare cuocere a 200° in forno ventilato per circa 10 minuti, fino a che i bordi della zucca non cominceranno a scurirsi. Per la salsa, mescolare i tuorli con il grana, unire la panna e cuocere a fuoco dolce fino a che la crema non diventerà densa e liscia. Spegnere il fuoco, salare e pepare. Lessare la pasta, scolarla e condirla in una ciotola con la crema di grana. Distribuire in ogni piatto una porzione di pasta e guarnire con abbondanti petali di zucca un po' come si fa con il tartufo sui taglierini. Completare con poco grana e una macinata di pepe.

FRITTATA DI PISELLI

La frittata, oltre a essere un piatto molto gradito a tutta la famiglia, è perfetta per riciclare gli avanzi. Una cipolla o uno scalogno, un po' di grana e qualche uova possono fare miracoli per dare nuova vita alle verdure in agonia!

Per 4 persone: 1 confezione di piselli surgelati • 4 uova • 50 g di grana • 1 scalogno • olio extravergine • sale

Tritare lo scalogno, soffriggerlo con poco olio senza farlo scurire, aggiungere i pisellini surgelati, un po' di sale e mezzo bicchiere d'acqua. Cuocere per circa un quarto d'ora fino a che l'acqua non si sarà asciugata e i piselli saranno diventati morbidi. Sbattere le uova in una ciotola, unire i piselli con il soffritto, il grana e ancora un po' di sale. Pulire la padella dei piselli, ungerla con nuovo olio e, quando è caldo, versare le uova. Cuocere con il coperchio finché la base non risulterà dorata, poi girare la frittata usando il coperchio e farla dorare anche sull'altro lato. Meglio servirla tiepida o fredda per godersi tutto il suo sapore.

PICCOLO MENÙ DI PESCE E VERDURE

Le lumachine fanno le scorte per l'inverno. Sono golose di mais, foglie di spinaci e pezzetti di formaggio che raccolgono e poi nascondono nelle loro conchiglie. Devono fare piano piano perché le platesse croccanti ne vanno matte e non perdono occasione per rubacchiare loro le provviste.

CONCHIGLIETTE VERDI E GIALLE

Far mangiare le verdure ai bambini è il problema di tutte le mamme. Il mio segreto è quello di aggiungere qualche chicco di mais, che ingolosisce i miei figli convincendoli ad accettare anche gli spinaci. Questo piatto poi è molto fresco e leggero per i pranzi estivi di tutta la famiglia. Il gusto acidulo della feta si sposa perfettamente con quello dolce del mais... ma questa è un'altra storia.

Per 3-4 persone: 250 g di conchiglie • 250 g di spinaci freschi • 150 g di feta • 1 lattina piccola di mais • 1 cipolla • olio extravergine • sale

Lavare gli spinaci e tagliarli a striscioline. Affettare sottilmente la cipolla, farla rosolare in padella con poco olio, aggiungere gli spinaci e farli stufare a fuoco abbastanza vivace in modo che appassiscano ma non abbiano proprio l'aspetto di quelli bolliti. Aggiungere il mais scolato, il sale e spegnere il fuoco. Lessare le conchiglie, scolarle e trasferirle in padella. Fare saltare tutto insieme e completare con la feta grattugiata con la grattugia a fori grossi, quella che serve per le carote.

FILETTI DI PLATESSA CROCCANTI

La platessa è il pesce più comodo: non ha spine, si può comprare surgelato e non costa nemmeno troppo! Io lo cucinavo sempre leggermente infarinato e rosolato in padella fino a che a casa non c'è stata una vera e propria sollevazione al grido di "basta platessa!". Così mi sono dovuta ingegnare a inventare qualche altra ricettina. Questa è piaciuta molto e in più permette di smaltire la farina di mais che avanza in dispensa!

Per 4 persone: 400 g di filetti di platessa surgelati • 200 g di farina per la polenta istantanea • 1 ciuffetto di rosmarino • meno della metà di 1 spicchio d'aglio • 1 uovo • 1 cucchiaio di grana • olio extravergine • sale. *Per guarnire:* insalata

Lasciare sgelare i filetti di platessa. Sbattere l'uovo in un piatto fondo. In un altro piatto mettere la farina per la polenta. Tritare insieme il rosmarino con l'aglio e mescolarlo alla farina di polenta. Condire con un pizzico di sale e il grana. Passare i filetti prima nell'uovo poi nella panatura, premendo bene. Versare abbondante olio in una padella, rosolare la platessa a fuoco medio, girandola delicatamente e poi facendola asciugare su un foglio di carta assorbente. Servire su un letto di insalata.

PALOMBO CON IL POMODORO P. 235

PICCOLO MENÙ RUSTICO CON SORPRESA

C'era una volta un simpatico polpettone che doveva andare a una festa in maschera organizzata dalla sua fidanzata pummarola. Non sapendo come travestirsi, chiese aiuto alle sue amiche pastina e lenticchie che in quattro e quattr'otto lo trasformarono in una bellissima pizza.

PASTINA E LENTICCHIE

Questo piatto va bene per tutte le età. È perfetto per le prime pastasciuttine dei bimbi piccoli (Diego ne va matto), ma è molto buono e saporito anche per i grandi. E poi i legumi sono sani e fanno bene, il che non guasta!

Per 4 persone: 250-300 g di farfalline all'uovo • 1 lattina di lenticchie al naturale (250 g circa) • 2 o 3 cipollotti • 1 bicchiere di passata o polpa di pomodoro • olio extravergine • rosmarino • grana • sale

Tritare finemente i cipollotti, rosolarli con poco olio, unire le lenticchie scolate e farle insaporire leggermente. Aggiungere la passata di pomodoro, il sale, il rosmarino e fare cuocere con il coperchio per circa 10 minuti. Lessare la pasta, scolarla conservando un po' di acqua di cottura e unirla al sugo mescolando bene. Spegnere il fuoco, aggiungere l'acqua di cottura e abbondante grana e mantecare come un risotto.

CARNE A PIZZETTA

Un'alternativa al classico polpettone, che diverte molto i bambini perché si presenta come una specie di pizza, ma al suo interno rimane morbido, umido e molto goloso come una gigantesca polpetta!

Per 4 persone: 250 g di pane • 100 ml di latte (quanto basta) • 300 g di carne trita • 200 g di pomodorini oppure 1 bicchiere circa di passata di pomodoro • 1 mozzarella • 1 manciata di olive verdi denocciolate • 2 uova • 50 g di grana • sale • 1 cucchiaino di origano

Ammollare il pane nel latte, spappolarlo per bene con le mani e unire la carne trita. Incorporare uova, sale, origano, grana e creare un impasto omogeneo sempre lavorandolo vigorosamente con le mani. Ricoprire una teglia rettangolare di carta da forno e distribuirvi la carne in un unico strato sottile (come fosse la pasta per la pizza). Aggiungere poi i pomodorini tagliati a metà oppure la passata di pomodoro. Cuocere a 180° in forno ventilato per circa 15 minuti. Nel frattempo tagliare la mozzarella a dadini e affettare anche le olive. Passato un quarto d'ora, aprire il forno e unire mozzarella e olive. Cuocere ancora per 10 minuti circa e servire non troppo bollente.

PICCOLO MENÙ DI TERRA

C'era una volta un coniglio pigrone che se ne stava sempre nella sua tana a dormire. Un giorno nel bosco venne organizzata una gara di corsa. Dal mo-

mento che in palio c'era il suo piatto preferito, il sushi di mortadella, il coniglio pigrone fece uno sforzo: partecipò alla gara, vinse il vassoio di sushi e poi si rinchiuse per più di un mese nella sua tana. Non doveva nemmeno più uscire per andare a cercare da mangiare!

SUSHI DI MORTADELLA

Dopo 2 mesi al mare a Riccione, anche il sushi si trasforma in "sushi di mortadella", per la gioia di tutti i bambini golosi. In realtà questo è un aperitivo simpatico che si può servire con successo anche agli adulti, sempre che siano anche loro.... super golosi!

150 g di mortadella tagliata in fette spesse circa 2 mm • 100 g di crescenza o stracchino • 50 g di pistacchi sgusciati non salati (in alternativa sgusciate una manciata di quelli salati per l'aperitivo: andranno bene lo stesso)

Tagliare le fette di mortadella in strisce larghe 2 dita. Tritare grossolanamente i pistacchi. Trasferire la crescenza in una ciotola e lavorarla con una forchetta in modo da renderla più cremosa, poi spalmarla sulle listarelle di mortadella e spolverizzare con un po' di pistacchi. Arrotolare la mortadella come se fosse sushi. Sistemare i rotolini in un piatto da portata e cospargere con un po' di pistacchi tritati. Lasciare riposare in frigorifero fino al momento di servire.

CONIGLIO IN AGRODOLCE

Il coniglio ha una carne magra e saporita, non contiene antibiotici o altre porcherie, quindi è ideale soprattutto per i bambini. Questa è una ricetta siciliana molto gustosa. Il sapore dell'agrodolce è appena accennato ma toglie quel pizzico di selvatico tipico del coniglio che non sempre è gradito. Con la stessa ricetta, se proprio non vi piace il coniglio, si può anche cucinare il pollo.

Per 4 persone: 1,5 kg di coniglio • 2 limoni • 2 cucchiai di zucchero • 2 patate medie • 1 lattina di pelati o pomodorini pelati • 1 cipolla • 1 spicchio d'aglio • olio extravergine • sale

Affettare la cipolla, sbucciare e schiacciare l'aglio e farli soffriggere in una casseruola con un po' d'olio. Aggiungere il coniglio porzionato, fare rosolare su tutti i lati e salare. Unire i pelati, riempire la lattina per metà di acqua e aggiungere anche quella e fare cuocere per 25 minuti a fuoco dolce con il coperchio. Trascorso questo tempo, tagliare le patate a tocchetti piccoli, unirli al coniglio e cuocere per altri 20 minuti. Se il sugo fa fatica a restringersi, alzare il fuoco e togliere il coperchio. Successivamente spremere il succo dei limoni, unire lo zucchero e condire il coniglio. Cuocere a fuoco più vivace per 10-15 minuti al massimo e servire caldo. In totale il coniglio dovrà cuocere circa un'ora.

SUSHI DI MORTADELLA
P. 223

PICCOLO MENÙ VERDE E ROSSO

C'era una volta un risotto che si sentiva molto solo. Allora chiese ai bocconcini di pollo e patate con la paprica, suoi vicini di frigorifero, di andare a vivere con lui. Loro però rifiutarono, spiegando che insieme non sarebbero stati molto bene. Gli consigliarono però di rivolgersi agli spinaci. Fu amore a prima vista.

RISOTTO AGLI SPINACI

Ho mangiato questo risotto durante una cena molto elegante e raffinata. Il che vuol proprio dire che quando un piatto è buono piace davvero a tutti, grandi e piccini. Lo cucino spesso ai miei figli perché così si fanno una sana scorpacciata di spinaci.

Per 4-5 persone: 400 g di riso • 250 g di spinaci freschi • 1 cipolla • 1 bicchiere di latte • 100 g di grana • burro • brodo di carne o di verdura • sale

Affettare finemente la cipolla e soffriggerla con il burro. Pulire bene e tagliare a striscette sottili le foglie di spinaci e rosolarle in padella fino a farle appassire. Se preferite potete lessare gli spinaci a parte in acqua bollente, strizzarli, tagliuzzarli e poi farli rosolare insieme alla cipolla. Aggiustare di sale. A questo punto prelevare un quarto circa degli spinaci dal tegame, frullarli con il latte e tenerli da parte. Unire nel tegame il riso, tostare e poi incominciare a sfumare con il brodo, aggiungendolo poco per volta, fino a che il risotto non sarà quasi a cottura. In ultimo unire gli spinaci frullati con il latte, il grana e mantecare vigorosamente.

BOCCONCINI DI POLLO ALLA PAPRICA

La paprica dolce è un ingrediente perfetto per movimentare un po' il classico pollo con le patate. Il risultato è una bella padellata rosso fuoco, ben rosolata e profumata, che farà venire l'acquolina a tutta la famiglia. Mi raccomando, usate pochissimo olio, altrimenti sul fondo del piatto resteranno delle chiazze untuose e rossastre per niente invitanti.

Per 4 persone: 1 petto di pollo • 2 patate medie • 2 cucchiai di paprica • succo di ½ limone • rosmarino • farina • olio extravergine • sale

Lessare le patate, poi sbucciarle. In alternativa si possono bucherellare con la buccia e mettere 10 minuti nel microonde alla massima potenza. Tagliare a tocchetti regolari il petto di pollo e le patate. Infarinare il pollo. Mettere pochissimo olio in una padella e cuocere le patate e il pollo insieme. Appena incominciano a rosolare, condire con il sale e un cucchiaio di paprica, poi aggiungere il rosmarino. A cottura quasi ultimata sfumare con il limone, aggiungere l'altro cucchiaio di paprica, cuocere ancora per pochi secondi e portare a tavola.

PICCOLO GRANDE MENÙ GOLOSO

Era una notte buia e tempestosa e i sedanini, che erano piccoli e poco coraggiosi, avevano molta paura. Così chiesero alla cipolla di far loro compagnia e la cipolla arrivò insieme all'alloro e al grana. La carne allora disse che voleva venire anche lei perché i tuoni la spaventavano e la patata implorò: "Non lasciatemi da sola!". Fu così che tutti i cibi della dispensa mescolati insieme formarono un piatto davvero eccezionale, e tutto grazie a un temporale!

PASTA ALLA GENOVESE

Questo piatto è un menù a sé, perché è ricco e sostanzioso... ma davvero molto buono. Lo ha apprezzato persino mia sorella a cui l'ho servito riscaldato dal giorno prima! Il motivo è semplice: la pasta corta condita con il ragù bianco e piccolissimi cubetti di patata fritta è veramente irresistibile. Se poi questo piatto si cucini davvero a Genova oppure no... io non lo so! La ricetta, come tante altre, mi arriva da Francesca La Torre.

Per 4 persone: 350 g di sedanini • 400-500 g di carne di manzo macinata • 1 cipolla grossa • 1 bicchiere di vino bianco • 1 foglia d'alloro • 2 patate medie • olio di semi per friggere • grana • tanto prezzemolo • olio extravergine • sale

Affettare sottile la cipolla e farla soffriggere in padella con un po' d'olio. Aggiungere la carne macinata, scottarla brevemente e sfumare con il vino. Condire con il sale e insaporire con l'alloro. Mettere il coperchio e cuocere per circa 10 minuti a fuoco basso. Nel frattempo tagliare a dadini molto piccoli le patate e poi friggerle in abbondante olio di semi bollente finché non saranno diventate dorate e ben croccanti. Salare e tenere da parte. Lessare la pasta, scolarla e condirla in una ciotola con il ragù bianco. Completare con tanto prezzemolo e in ultimo le patate e il grana.

PICCOLO MENÙ GIALLO

C'era una volta un banchetto molto speciale. L'invitato d'onore era addirittura il sole. Lo chef decise di servire tutte le portate di un bel colore giallo per rendere omaggio all'ospite speciale. Ma non si preoccupò di cuocere nulla. Al cospetto del sole, tutto diventò deliziosamente abbrustolito!

TAGLIATELLE GIALLE CON PLATESSA

La pasta con il pesce piace moltissimo ai miei bambini, soprattutto a Eleonora che è capace di mangiarsene anche 3 piatti. Anche questo menù è quasi un piatto unico a cui sta bene abbinare giusto un'insalatina. Se avete voglia di diliscarle, provate a sostituire alle platesse le sogliole. Una vera cannonata!

Per 6 persone: 500 g di tagliatelle fresche • 12 pomodorini • 4 filetti di platessa • 1 bustina di zafferano • ½ cipolla • 1 bicchiere di vino bianco • olio extravergine • sale • prezzemolo • pepe o peperoncino

Affettare sottile la cipolla e soffriggerla con abbondante olio. Tagliare a pezzetti i filetti di platessa e aggiungerli al soffritto facendoli rosolare a fuoco vivace e mescolando spesso fino a che non saranno completamente disfatti. Devono diventare come un ragù. Salare, sfumare con il vino e aggiungere una bustina di zafferano diluita in poca acqua calda, prelevata dalla pentola dove cuocerà la pasta. Unire anche i pomodorini tagliati a metà e cuocere per pochi minuti, giusto il tempo in cui lesseranno le tagliatelle. Quando la pasta è pronta, scolarla e farla saltare nella padella con il sugo. Completare con il prezzemolo e, a piacere, il pepe o il peperoncino.

INSALATA DI LATTUGA E MAIS

I miei bambini fortunatamente amano l'insalata. Mi chiedono solo di tagliarla a pezzetti piccoli e di condirla per loro. Spesso per renderla più sfiziosa aggiungo qualche crostino.

Per 4-6 persone: 1 testa di lattuga piccola • 1 lattina di mais dolce • 2 fette di pancarrè • olio extravergine • aceto o glassa di aceto balsamico • sale

Lavare e tagliare a striscioline piccole le foglie di lattuga, in maniera che risultino facili da mangiare anche ai bambini più piccoli. Unire il mais già scolato. Tagliare il pane a quadretti e rosolarlo in padella con poco olio fino a che non sarà croccante. Condire l'insalata con sale e olio. Unire i crostini e completare con l'aceto balsamico. Servire subito.

VONGOLINE IN ZUPPETTA P. 234

PICCOLO MENÙ CREMOSO E CROCCANTE

C'era una volta un sacchetto di cornflakes che era stufo di fare tutte le mattine delle levatacce per dare la colazione ai bambini che andavano a scuola. Il risotto verde, che lo sapeva, decise di presentare i cereali ai simpaticissimi bocconcini di pollo. Fecero subito amicizia. Così i cornflakes uniti ai nuovi amici si presentarono a tavola all'ora di cena e la mattina si concedettero una bella dormita, lasciando campo libero alle cuginette fette biscottate.

RISOTTO VERDE

Il segreto di questo risotto è un cucchiaio di Philadelphia che lo rende particolarmente cremoso. Il fatto poi che le zucchine si presentino grattugiate le rende davvero poco invasive anche per chi di solito non ama mangiarle!

Per 4 persone: 300 g di riso • 4 zucchine verde chiaro (400 g circa) • 1 cipolla piccola • 1 noce di burro • brodo di carne (acqua calda e dado) • 1 cucchiaio di Philadelphia • 75 g di grana • 1 bicchiere di vino bianco • 1 manciata abbondante di basilico • sale e pepe

Grattugiare le zucchine e la cipolla con la grattugia per le carote (a fori grandi). Fondere il burro nel tegame e soffriggere insieme le verdure. Aggiungere il riso e farlo tostare. Regolare di sale e sfumare con il vino bianco. Una volta che il vino è evaporato, incominciare a bagnare con il brodo fino a che il risotto non sarà a cottura. A questo punto mantecare con il Philadelphia e il grana. Aggiungere il basilico tritato e completare con una macinata di pepe.

BOCCONCINI CROCCANTI DI CORNFLAKES

Se volete mettere allegria in tavola, provate a presentare questo piatto! I cornflakes tritati creano una panatura croccante e leggermente dolce che sorprende e ingolosisce. Quando li ho cucinati per il mio amico Marco Miana, che un bambino non è... anzi conosce e frequenta i ristoranti degli chef più quotati del Paese, si è talmente appassionato che ha subito chiesto a sua moglie di prepararglieli anche a casa.

Per 4 persone: 300 g di fettine di pollo • 100 g di cornflakes • 1-2 cucchiai di cipolla liofilizzata • 1 cucchiaio di grana • sale • 2 uova • farina • olio per friggere

Tritare i cornflakes nel mixer, mescolarli in un piatto fondo con la cipolla liofilizzata, il grana e il sale. In un altro piatto sbattere le uova, in un terzo mettere la farina. Tagliare il pollo a bocconcini. Passarli prima nella farina, poi nell'uovo e infine nella panatura di cornflakes, schiacciando bene con le mani in modo che si formi una bella crosticina. Friggere in abbondante olio e servire caldi.

PICCOLO MENÙ PER FARE SCARPETTA

Le vongoline in zuppetta avevano fatto amicizia con una piccola formichina operosa che girava senza posa nella cucina di casa in cerca di qualcosa di buono da mettere nel suo pancino. "Come faccio a venire da voi?" si lamentava la piccola. "Usa il pane come fosse una barca" le suggerì il palombo. Così la formichina navigò su una fetta di pane fino al centro del piatto e giocò con le vongoline tutto il giorno. Tornata sul tavolo, si mangiò il pane inzuppato nel sughetto che era diventato una vera delizia.

VONGOLINE IN ZUPPETTA

Questo è il piatto di mare più veloce e gustoso che si possa preparare. Mangiare le vongoline con le mani e leccarsi le dita... dà una bella soddisfazione sia ai grandi sia ai bambini. A me piace presentare una bella ciotola di vongole in zuppetta anche come antipasto nelle cene di pesce. Fa sempre piacere e non appesantisce. Un avvertimento: meglio che i bambini troppo piccoli non ne facciano una bella scorpacciata!

Per 4 persone: ½ kg di vongoline • 1 spicchio d'aglio • 1 bicchiere di vino bianco • 4 pomodorini • sale • olio extravergine

Spurgare le vongoline, cioè lasciarle in una ciotola piena d'acqua fresca con un cucchiaio di sale almeno per mezz'ora. Rosolare l'aglio con l'olio inclinando bene la padella in maniera tale che rimanga completamente sommerso. Tagliare i pomodorini a metà, sciacquare le vongole sotto l'acqua corrente, buttarle nella padella insieme ai pomodorini, sfumare con il vino e fare cuocere con il coperchio a fuoco vivace per circa 5 minuti fino a che le vongoline non si saranno aperte. A questo punto, abbassare il fuoco, togliere il coperchio e schiacciare con il cucchiaio i pomodorini in modo che rilascino bene il sugo. Lasciare cuocere ancora 1 minuto o 2, non di più, e portare a tavola con tante fette di pane.

PALOMBO CON IL POMODORO

Il pesce al pomodoro è sempre gradito ai bambini, il palombo poi non ha nemmeno una spina e la sua carne è talmente tenera che si scioglie in bocca. In alternativa provate con la rana pescatrice.

Per 4-6 persone: 500-600 g di palombo tagliato a fette (va bene anche la rana pescatrice) • 250 g di pomodorini • 1 bicchiere di vino bianco • 1 cipollotto • 1 cucchiaio di concentrato di pomodoro (in alternativa, 2 cucchiai di passata di pomodoro) • olio extravergine • prezzemolo • sale

Rosolare il cipollotto tagliato ad anelli con l'olio, aggiungere il palombo e farlo rosolare a fuoco medio su entrambi i lati. Salare, sfumare con il vino e aggiungere i pomodorini tagliati a metà, il concentrato (o la passata) e il prezzemolo. Cuocere con il coperchio a fuoco dolce per circa 15 minuti. La carne del palombo deve risultare tenerissima.

Ecco qui il mio pranzo ideale di mezzogiorno, soprattutto quando incominciano a intravedersi i primi raggi di sole primaverili e la prova costume si staglia all'orizzonte minacciosa! Una bella insalatina ha il pregio di essere veloce da preparare, di non avere bisogno di accompagnamenti, di saper soddisfare occhio e palato e, solitamente, di tenere a bada l'appetito fino a cena. Io però... per essere sicura sicura, ho deciso di abbinare a ogni insalatina un piccolo rinforzo: un crostino, un toast, una sfiziosità per rendere anche un semplice spuntino qualcosa di irresistibile.

INSALATINE LEGGERE E VELOCI

SPUNTINO AROMATICO

Per palati che amano i gusti decisi e non temono... le conseguenze.

INSALATA DI SPINACI

Mi piacciono tanto gli spinacini novelli. Hanno un gusto leggermente piccante, più deciso di una normale insalata. Se poi si aggiungono le noci, il formaggio e le pere, il gioco è fatto. Ecco un piattino dal carattere forte e originale. Un'insalatina che si mangia volentieri d'estate ma anche d'inverno. E poi c'è un altro vantaggio. Se avanzano e restano un po' troppo in frigorifero, gli spinacini novelli si possono sempre ripassare in padella. Buonissimi!

Per 2 persone: 100 g di spinacini novelli • 60 g di groviera svizzera o fontina • 1 manciata di gherigli di noci • 1 pera abate non troppo matura • olio extravergine • aceto balsamico o glassa di aceto balsamico • sale

Mescolare gli spinacini con le noci spezzettate e il formaggio tagliato a dadini. Condire con sale e olio. Trasferire l'insalata in un piatto da portata. Tagliare 2 spicchi di pera a fettine sottili tenendo la buccia e mescolarle delicatamente all'insalata. Completare con aceto o glassa di aceto balsamico.

GARLIC BREAD

Tutti conosciamo gli inconvenienti dell'aglio, ma queste bruschette sono davvero molto buone. Togliendo l'anima interna

allo spicchio, in teoria l'aglio dovrebbe anche perdere il suo temutissimo retrogusto. Comunque per sicurezza non preparateli alla vigilia di un appuntamento importante.

Per 2-4 persone: 1 o 2 filoncini di pane raffermo • 75 g di burro • 1 spicchio d'aglio • sale • abbondante grana

Tagliare il filoncino a fette di circa 1 cm di spessore. Frullare il burro con l'aglio dopo averlo scamiciato e privato dell'anima interna, salare e spalmare il composto sulle fette di pane. Disporre le bruschette su una teglia rivestita di carta da forno. Cospargere con abbondante formaggio grattugiato, quindi passare in forno a 200° per circa 10 minuti, finché le fette di pane non risulteranno belle dorate, stando attenti a non far scurire troppo i bordi.

SPUNTINO VAGABONDO

Per chi ama girare il mondo... ma poi in fondo sa che come si mangia a casa propria non si mangia da nessun'altra parte.

CAESAR SALAD

Ecco la più internazionale delle insalate. Nei ristoranti dei grandi alberghi di tutto il mondo siete sicuri di trovarla. Il problema è che a volte è servita in maniera improponibile! Untissima oppure tragicamente asciutta. Provate la mia ver-

sione e divertitevi a immaginarvi in viaggio d'affari dall'altra parte del mondo!

Per 4 persone: 1 cespo di lattuga oppure insalata iceberg • 2 fette di pane casereccio • 1 spicchio d'aglio • 1 petto di pollo a fette • sale grosso • olio extravergine. *Per la salsa:* 1 uovo • 150 ml di olio extravergine • 1 cucchiaino di aceto • 1 cucchiaino di salsa Worchester • limone • sale

Tagliare il pane a dadini e saltarlo in padella con l'olio e uno spicchio d'aglio fino a che non diventerà croccante. In un'altra padella distribuire il sale grosso e un filo d'olio e grigliare le fette di pollo. Per la salsa mettere nel vaso del mixer (ma si possono usare anche le fruste elettriche) l'uovo e un pizzico di sale. Frullare e aggiungere a filo l'olio fino a ottenere la maionese. Unire poi 2 cucchiaini di succo di limone, aceto, salsa Worchester e altro sale e frullare di nuovo. Ricoprire un ampio piatto da portata con un letto di lattuga, condire con olio e sale. Disporre con cura anche il pollo tagliato a striscioline e i crostini. Concludere con abbondante salsa e servire.

GIRANDOLE RIPIENE

Un golosissimo stuzzichino in alternativa ai grissini o al pane farcito. Queste girandole hanno una cottura in forno un po' più lunga della classica bruschetta, ma ne vale la pena, e poi si conservano squisite per diversi giorni... ma state sicuri, non dureranno tanto a lungo.

Per 10 pezzi: 1 rotolo di pasta sfoglia • farina • 2 cucchiaiate di Philadelphia • 1 zucchina piccola e chiara • 50 g di bacon tagliato a fette sottili • 1 uovo sbattuto (facoltativo)

Stendere il rotolo di pasta sfoglia e infarinarla leggermente su entrambi i lati. Spalmarla con il Philadelphia, lasciando libera una cornice di circa 2 dita lungo i bordi esterni. Tagliare la zucchina per il lungo a fettine sottili e metterle sul Philadelphia coprendo tutta la sfoglia, ma lasciando sempre il bordo esterno libero. Completare con uno strato di bacon. Arrotolare la sfoglia lasciando la farcia all'interno. Infarinare ulteriormente la sfoglia se dovesse risultare appiccicosa, poi con un coltello ben affilato tagliare delle fette (girandole) spesse circa un dito. Disporle su una placca ricoperta di carta da forno. A piacere, potete sbattere un uovo e spennellare le girandole. Mettere in forno ventilato a 180° per circa 20-30 minuti. Queste girandole si possono preparare anche con la pasta della pizza.

SPUNTINO IN STILE FEMMINILE

Chi ama le donne lo sa, affascinanti come un fiore di mimosa, pungenti... come un carciofo!

INSALATA MIMOSA

A leggere gli ingredienti sembra un'insalata piuttosto normale... invece la sorpresa c'è e si chiama mimosa! Il tuorlo sodo dell'uovo viene grattugiato sulle maglie fini di un colino. L'effetto è quello del fiore di mimosa e il gusto è delizioso, perché in questo modo l'uovo si amalgama perfettamente all'insalata mescolandosi con il condimento in maniera sublime!

Per 1 persona: 1 manciata di misticanza • ½ pomodoro • ½ cetriolo • 3 cucchiai di mais in scatola • 3 ravanelli • 1 scatoletta di tonno • 1 uovo • olio extravergine • aceto • sale

Cuocere l'uovo per 10 minuti in acqua bollente. Raffreddare e sgusciare. Pulire le verdure, affettare il pomodoro, i ravanelli, il cetriolo, unire il mais sgocciolato e il tonno sminuzzato, condire il tutto e sistemare in una bella ciotolina. Per la mimosa, utilizzare solo il rosso dell'uovo e schiacciarlo attraverso le maglie di un colino in modo che ne fuoriescano come dei piccolissimi fiocchetti (petali di mimosa). Ricoprire l'insalata con la mimosa e servire.

FOCACCIA AI CARCIOFI CROCCANTI

Questa focaccia è così veloce da preparare e i carciofi talmente croccanti che l'ho promossa a buon diritto in questa categoria di sfiziosità. Infatti deve essere servita già affettata e ricoperta di carciofi crudi tagliati sottilissimi. Grazie alla carissima Marta Vittadini, con cui ho condiviso anni di ricettine e servizi al tg!

Per 4 persone: 1 confezione di pasta per focaccia già pronta e stesa • 2 carciofi • 2 mozzarelle • farina • pangrattato • olio extravergine • 1 limone • sale e pepe

Tagliare i carciofi a fettine molto sottili e lasciarli riposare in acqua e limone. Stendere ulteriormente la pasta della focaccia con un po' di farina e un mattarello per renderla appena un po' più sottile... ma se non ne avete voglia, va bene anche così. Spolverizzare la base della focaccia con un po' di pangrattato. Tagliare la mozzarella a dadini, distribuirla sulla focaccia, aggiungere un pizzico di sale e cuocere in forno

GIRANDOLE RIPIENE P. 240

ventilato a 200° per circa 15-20 minuti. Scolare i carciofi e condirli con olio e sale. Controllare che la base della focaccia sia cotta, quindi toglierla dal forno. Non preoccupatevi se farà un po' di acquetta, si asciugherà subito. Tagliare la focaccia a spicchi o a fette se è rettangolare, distribuirci sopra i carciofi, completare con un po' di pepe e portare a tavola.

SPUNTINO FILANTE E CROCCANTE

Legumi e formaggi, per uno spuntino veramente irresistibile, con quella nota "alla francese" che gli dà un tocco in più.

INSALATA PRIMAVERA

Quando arriva la primavera e dal fruttivendolo compaiono le fave... io mi scateno. Mi piacciono da morire! Le mangio con il salame, con il pecorino o anche da sole. Sono perfette da servire anche come aperitivo goloso e informale! Per questa ricetta però bisogna avere un po' di pazienza e togliere la pellicina che le ricopre, una a una. Una noia mortale, lo ammetto, ma il risultato vi ripagherà!

Per 2 persone: 3 carciofi • ½ kg di fave • grana • limone • olio extravergine • sale e pepe

Pulire i carciofi, eliminando per bene tutte le foglie dure. Tagliarli a spicchi e poi a fettine molto sottili in modo che siano gradevoli da mangiare crudi. Immergerli in acqua e limone. Sgranare le fave, togliere la pellicola dura e mescolarle in una ciotola con i carciofi scolati. Condire le verdure con olio, limone, sale e pepe. Aggiungere abbondanti scaglie di grana, mescolare il tutto e servire. Se proprio non avete voglia di sgranare le fave, l'insalata sarà buonissima anche solo con carciofi e grana!

CROQUE MONSIEUR

Lo ammetto, lo scopo depurativo e dietetico dell'insalatina con questo meraviglioso croque monsieur si annulla miseramente... Però pensiamo anche all'umore e godiamoci il re, anzi l'imperatore dei toast, ripieno di formaggio e besciamella e dolcemente gratinato in forno. Una delizia francese che io ho mangiato la prima volta da ragazzina a Parigi durante l'Interrail, un viaggio in treno per l'Europa con i miei amici. In quella vacanza abbiamo mangiato solo panini per un mese e quello è stato di gran lunga il più buono di tutti.

Per ogni toast: 2 fette di pane da toast • 2 generose cucchiaiate di besciamella • 2 fette di prosciutto cotto • 1 manciata di groviera grattugiato (50 g circa)

Spalmare su una fetta di pane un cucchiaio di besciamella, sistemare sopra il prosciutto, richiudere il panino, spalmarlo ancora di besciamella e ricoprirlo con il groviera grattugiato con la grattugia per le carote (quella a fori grossi). Disporre i toast su una placca ricoperta di carta da forno e farli tostare in forno ventilato a 200° fino a che il formaggio non sarà sciolto.

SPUNTINO COTTO E CRUDO

La festa delle verdure! Per fare una vera scorpacciata senza dimenticare nemmeno una vitamina.

INSALATA DI ASPARAGI CROCCANTE

Una insalatina molto leggera, cotta e cruda, dal gusto dolce e invitante e dai colori delicati (io adoro il verde e il rosa anche a tavola).

Per 2 persone: 3 uova • 150 g di asparagi già puliti • 1 zucchina piccola e chiara • 1 manciata di gamberetti precotti già sgusciati (50 g circa) • 1 cucchiaino di maionese • 100 ml di olio extravergine • limone • sale

Lessare le uova per 10 minuti dal momento del bollore. Farle raffreddare, sgusciarle e tagliarle a fette. Cuocere gli asparagi in acqua bollente per 5 minuti. Scolare e lasciare intiepidire. Tagliarli a tocchetti e mescolarli in una ciotola con i gamberetti e la zucchina affettata a rondelle. In una ciotola mescolare energicamente la maionese con l'olio. Condire l'insalata con il sale, il limone e la salsina di olio e maionese. Mescolare per bene e infine guarnire il piatto con le fettine di uovo sodo.

MELANZANE A BRUSCHETTA

Invece di condire una bruschetta con vari ingredienti tra cui le melanzane, questa volta farciremo direttamente le melan-

zane, saporite e ricoperte di pomodorini proprio come un crostino di pane.

Per 2-4 persone: 2 melanzane • 4 acciughe • 50 g di grana • 1 spicchio d'aglio • 200 g di pomodorini • olio extravergine • basilico • sale

Tagliare le melanzane a metà nel senso della lunghezza e praticare profondi tagli con un coltello nella polpa. Dividere in 2 lo spicchio d'aglio e strofinarlo sulla polpa della melanzana in modo che rilasci tutto il suo sapore e poi buttarlo via. Sistemare le melanzane in una teglia con la polpa rivolta verso l'alto. Salare e condire ogni fetta con qualche goccia d'olio, i pezzetti di acciuga (si possono anche inserire nei tagli) e tanto grana. Tagliare i pomodorini a metà e sistemarli sulle fette di melanzana. Completare con altro olio, sale e basilico. Cuocere a 180° per 45-50 minuti. Servire caldo o tiepido.
Se avanza, tagliare la melanzana a pezzi e condirci la pastasciutta! Ottimo consiglio della mia mamma!

SPUNTINO DAL SAPORE INVERNALE

Chi lo dice che le insalate si mangiano solo nella bella stagione? Ci sono molti ingredienti invernali tra cui la frutta secca, i formaggi, i funghi, con cui preparare ottimi piatti freddi... che riscaldano meglio di una zuppa!

MELANZANE A BRUSCHETTA P. 246

INSALATA DI PROSCIUTTO AFFUMICATO

Una insalata super saporita che è perfetta da gustare anche in inverno. Un consiglio: ai bambini piacerà sicuramente di più con il prosciutto non affumicato e con la maionese al posto della senape. Lo so per esperienza... meglio prepararne direttamente 2 versioni piuttosto che stare a penare per tutto il pranzo!

Per 4 persone: 150 g di prosciutto affumicato in una sola fetta • 140 g di mais • 1 manciata di lattuga o iceberg • 1 cuore di sedano • 1 manciata di germogli di soia • 1 cucchiaio di senape in grani • olio extravergine • sale

Tagliare il prosciutto a dadini, mescolarlo in una ciotola con il mais sgocciolato, il sedano tagliato a tocchetti, l'insalata e i germogli. Emulsionare in una ciotolina la senape con l'olio fino a ottenere una cremina. Condire l'insalata prima con il sale e poi completare con la salsa di senape.

CROSTINI GORGONZOLA NOCI

Velocissimi ma d'effetto, questi crostini sono perfetti da servire con un bel bicchiere di vino rosso, anche per aprire un menù più articolato di una semplice insalata.

Per 2-4 persone: 100 g di gorgonzola dolce e morbido • 8-10 noci • 1 baguette

Tagliare la baguette a fette alte circa un dito. Spalmare una cucchiaiata di gorgonzola. Tritare grossolanamente le noci e metterne un pizzico su ogni crostino. Gratinare in forno ventilato a 200° fino a che il gorgonzola non incomincerà a sciogliersi.

SPUNTINO RICCO

Anche un semplice spuntino può dare grande soddisfazione e una bella sensazione di sazietà. Il problema è rialzarsi e rimettersi in moto per il resto della giornata!

INSALATA TIEPIDA DI PATATE

Questa insalata molto aromatizzata è anche un buonissimo contorno per accompagnare un piatto di carne o pesce. La si può presentare in una ciotola di servizio in modo che tutti si possano servire, oppure si può sistemarla nei singoli piatti, aiutandosi con 2 cucchiai in modo da darle la forma di una polpetta un po' allungata (quenelle). A me piace gustarla con un piatto di affettati.

Per 2 persone: 1 kg di patate • 30 foglie di basilico • 20 g di pinoli più qualcuno per la guarnizione • 1 cucchiaio di pomodorini secchi • 8 cucchiai di olio extravergine • 100 g di olive nere denocciolate (meglio se taggiasche) • sale

Lessare le patate. Nel frattempo frullare nel mixer, come se si trattasse di un pesto, il basilico con i pinoli, l'olio e i pomodorini secchi. Sbucciare le patate e schiacciarle in una ciotola con la forchetta, lasciando ancora qualche pezzo. Non deve essere una purea omogenea. Condire le patate con la salsa, aggiustare di sale e unire anche le olive. Trasferire in un bel piatto da portata e completare con i pinoli tenuti da parte e qualche foglia intera di basilico. Mi raccomando, servire tiepida.

GRISSINI RIPIENI

Quando si dice la fortuna! Ero all'aeroporto del Cairo, di ritorno dalle vacanze di Natale, quando mi ferma una signora italiana gentile e chiacchierona. Naturalmente ci mettiamo a parlare di ricette e lei in quattro e quattr'otto mi regala questa splendida idea. Dei grissini fatti in casa, perfetti come aperitivo e stuzzichino che si possono farcire con qualunque cosa. Più si abbonda con il ripieno, meglio è!

Per 4 persone: **1 rotolo di pasta sfoglia • 2 o 3 fette di salame tagliate spesse • farina • 1 uovo • grana • Emmental**

Sbattere l'uovo e spennellare la sfoglia lasciando un margine esterno di qualche centimetro. Ricoprire con il grana. Tritare il salame e ricoprire solo una metà della sfoglia. Completare la stessa metà con l'Emmental grattugiato con la grattugia a fori grandi (quella per le carote), richiudere la sfoglia, infarinarla e stenderla delicatamente con il mattarello. Tagliare delle striscette di circa 2 cm e tenendo ferma un'estremità rigirare la striscetta di sfoglia 2 volte, creando un motivo a spirale. Sistemare i grissini sulla placca del forno e farli cuocere a 180° per 10 minuti. Verso fine cottura girarli se tendono a bruciare sotto. Si possono farcire anche con cipolla, rosmarino, mortadella o altro.

SPUNTINO VISTA MARE

Questo è il tipo di pranzetto che mi piace godermi quando torno a casa dalla spiaggia, accaldata ma affamata. Una piccola siesta e poi di nuovo al sole!

INSALATA DI ORZO E FARRO CON PESTO E MOZZARELLA

Uno dei pochi piatti al mondo che non amo e che non mi stuzzica l'appetito è l'insalata di riso. La cucino per Fabio che l'adora, ma devo confessare che il riso freddo mi intristisce. Amo invece tutte le insalate che al posto del riso hanno farro, orzo, grano e altri chicchi... un po' più originali.

Per 4 persone: 1 bicchiere di orzo perlato • 1 bicchiere di farro • qualche cucchiaio di pesto • 1 mozzarella • 2 manciate di pinoli • olio extravergine • sale • 10 pomodorini • olive taggiasche

Lessare secondo i tempi indicati sulla confezione il farro e l'orzo. Scolarli e passarli sotto l'acqua fredda. Unirli in una ciotola e condirli con il pesto, i pinoli, la mozzarella tagliata a dadini, i pomodorini tagliati in 2 e le olive taggiasche. Completare con olio e sale.

BRUSCHETTA DI POMODORO DI CATE

Questa è proprio una ricettina adatta all'estate. La salsa per bruschette si può poi benissimo trasformare in un ottimo sugo per la pasta. Non ci stanno male anche un po' di olive nere! Grazie a Caterina, compagna di tante avventure... per questa bella ricetta!

Per 4 persone: 400 g di pomodori maturi molto sodi • 1 cucchiaino di capperi • 1 mazzetto di basilico • 1 spicchio d'aglio • 1 pizzico di origano • peperoncino • aceto • olio extravergine • sale

Immergere i pomodori in acqua bollente. Dopo poco scolarli e sbucciarli. Se sono molto acquosi, meglio lasciarli in un colino per 10 minuti. Mettere poi nel frullatore i pomodori, il basilico, i capperi, l'aglio e frullare appena appena, lasciando il composto un po' a pezzettini. Trasferire il tutto in una ciotola, quindi aggiungere origano, sale, peperoncino, olio e un poco di aceto. Servire accanto a un tagliere con buon pane toscano a fette leggermente tostato.

SPUNTINO CREMOSO

Da una parte l'avocado, dall'altro il salmone e il formaggio. Un pranzettino pensato apposta per i palati più golosi!

INSALATA DI AVOCADO E TONNO

Largo ai sapori esotici... va be', non esageriamo, però questa insalatina ha il pregio di presentarsi con un aspetto e un gusto ricchi e originali. Io non vado matta per l'avocado in generale, ma in questo contesto il suo gusto burroso si sposa divinamente con il tonno, i fagioli e la cipolla. Unica raccomandazione: scegliete un avocado ben maturo, oppure altro che burroso... sarà come mangiare una patata cruda!

Per 4 persone: 1 avocado • 1 peperone rosso piccolo • 150 g di tonno • 1 lattina di fagioli bianchi di Spagna • 1 cipolla di Tropea piccola • olio extravergine • limone • sale e pepe. *Per guarnire:* qualche foglia di lattuga

Spellare, tagliare l'avocado a tocchetti e bagnarlo con qualche goccia di limone, altrimenti diventerà nero. In una ciotola mescolare insieme il tonno, il peperone tagliato a pezzettini, i fagioli, l'avocado e la cipolla ad anelli sottilissimi. Condire il tutto con sale, limone, olio e pepe. Foderare una ciotola di servizio con le foglie di lattuga, riempire di insalata e servire subito.

CROSTINI AL SALMONE

Io e Fabio abbiamo un contenzioso aperto, che riguarda proprio i crostini al salmone. Lui ne è goloso come un gatto, ma li ama solo con il burro. Io invece, preparati in questa maniera, li trovo terribilmente stucchevoli. Se ne mangio uno mi rovino tutto il pranzo. Ecco la mia semplicissima alternativa.

Per 4 persone: 70 g di salmone affumicato • 100 g di robiola • erba cipollina • limone • pane da tramezzini

Tostare il pane tagliato a triangolini, spalmare una generosa dose di robiola e sistemarci sopra il salmone affumicato. Condire con qualche goccia di limone e completare con l'erba cipollina tagliuzzata fine fine. Presentare il piatto guarnito con fette di limone.

SPUNTINO IN CARROZZA

Prima una insalatina con il pesce alla griglia, poi per il gran finale una bella frittura croccante per dei crostini pieni di sorprese.

INSALATA DI CARCIOFI E CALAMARI

Calamari, seppie, totani... io faccio una gran confusione. L'unica cosa che ho capito è che il calamaro... della famiglia è il più tenero, dunque scelgo sempre lui! Questa ricetta è davvero semplicissima e premia la freschezza e la bontà dei prodotti. Un letto di carciofi tagliati con amore e conditi delicatamente e poi una cascata di anelli di calamari grigliati velocemente in padella. Mi viene già fame... Unico inconveniente: chiudete bene la porta della cucina o non vi libererete facilmente dell'odore del calamaro alla griglia!

Per 4 persone: **2 calamari • 3 carciofi • olio extravergine • limone • sale • aceto balsamico (facoltativo)**

Pulire i carciofi, tagliarli a spicchi e poi a fettine sottili. Lasciarli riposare in acqua e limone. Nel frattempo tagliare i calamari ad anelli, ungere leggermente la piastra e, una volta calda, fare cuocere gli anelli per pochi minuti, fino a che non risulteranno ben coloriti. Salare i calamari. Scolare i carciofi e condirli in una ciotola con olio, sale e limone. Formare un bel letto di carciofi in un piatto piano, disporci sopra gli anelli di calamari, completare con un filo d'olio e, a piacere, un po' di aceto balsamico.

MOZZARELLA IN CARROZZA A SORPRESA

Le mozzarelle in carrozza sono una mia debolezza, forse anche perché a me piace da pazzi friggere! Per limitare il danno del colesterolo e tutto il resto, il mio consiglio è preparare delle mozzarelline piccolissime... direi quasi più in risciò che in carrozza! Perdonate la battuta terribile, ma alle mie bambine (dopo che ho spiegato loro cosa diavolo fosse un risciò) ha fatto molto ridere.

Per 4 persone: 2 fette di pane da tramezzini • 1 sfoglia di mozzarella • acciughe • pomodorini secchi • prosciutto o bacon • uova • pangrattato • olio di semi per friggere

Stendere su una fetta di pane la sfoglia di mozzarella in modo che la ricopra perfettamente. Se c'è bisogno ritagliare un po' le parti che fuoriescono e riempire quelle mancanti. Richiudere con l'altra fetta di pane. Tagliare prima dei rettangoli, poi dei quadratini e infine dei triangoli di circa 3 dita per lato. Aprire i triangolini e farcire l'interno di ognuno con una sorpresa (acciuga, pomodorino, bacon o prosciutto), passare nell'uovo sbattuto, poi nel pangrattato, schiacciando bene e sigillando i bordi. Far scaldare abbondante olio di semi e friggere le mozzarelline in carrozza per pochissimi minuti: appena la mozzarella minaccia di uscire, toglierle subito. Servire calde.

Cosa c'è di meglio che chiudere in dolcezza? La colazione e la merenda infatti non hanno bisogno di veri e propri menù articolati in diverse portate, eppure sono tra i momenti più importanti e gioiosi della giornata, per questo ho deciso di dedicare loro una sezione intera. Qui troverete tutte quelle torte o quei dolcetti che a mio parere, pur non essendo dessert adatti per concludere una cena, sono parentesi golose per spezzare qualsiasi momento della giornata o, meglio ancora, per iniziarla!

RISVEGLI E MERENDE

TORTA DI FICHI

Questa è una torta semplicissima, perfetta per chi ama i fichi. L'impasto è soffice e morbidissimo, gli spicchi di frutta si sciolgono e quasi si amalgamano all'interno della torta. Ideale per l'ora del tè!

150 g di burro • 120 g di zucchero • 4 uova • 50 ml di latte • 250 g di farina • ½ bustina di lievito per dolci • sale • 4 fichi (circa 350 g). *Per guarnire:* zucchero a velo

Mescolare il burro sciolto con lo zucchero, poi unire le uova e il latte e sbattere bene il tutto fino a ottenere una crema omogenea. Incorporare poco per volta la farina già miscelata con il lievito e un pizzico di sale e versare l'impasto in una tortiera foderata di carta da forno. Sbucciare i fichi, tagliarli a spicchi e disporli a raggiera nell'impasto, premendo un po' in modo da farli affondare. Cuocere a 180° per 20-30 minuti. Spolverizzare con zucchero a velo.

TORTA MARGHERITA

La torta margherita è una delle preferite dei bambini. Si può aromatizzare con limone o vaniglia, io preferisco la seconda. Si tratta di una base molto versatile che, a seconda di quanto siete golosi, potete arricchire con gocce di cioccolato, oppure tagliare a metà e farcire con crema pasticcera, chantilly, Nutella... Mi fermo qui perché mi è già venuta fame!

4 uova • 150 g di zucchero • 200 g di burro • 100 g di fecola di patate • 100 g di farina 00 • 1 bustina di lievito per dolci • 1 bustina di vanillina oppure la scorza grattugiata di 1 limone non trattato. *Per guarnire:* zucchero a velo

Sbattere le uova con lo zucchero fino a che non diventeranno bianche e spumose, fare sciogliere il burro in un pentolino o nel microonde, aggiungerlo al composto e mescolare bene (io uso le fruste elettriche, ma si può fare benissimo anche a mano con un cucchiaio di legno). Miscelare insieme i 2 tipi di farina con il lievito e la vanillina o la scorza di limone. Unire all'impasto e mescolare bene. Trasferire tutto in una tortiera abbastanza ampia foderata di carta da forno. Cuocere per circa 30 minuti a 180°, poi lasciare intiepidire e ricoprire con zucchero a velo.

PLUM-CAKE LEGGERISSIMO CON PRUGNE E PERE

Questo è uno dei pochi dolci che piace anche a Fabio, che solitamente non è un grande appassionato del genere. Il motivo è semplice: è davvero leggerissimo. Ti regala la soddisfazione di mangiare una torta... senza i sensi di colpa per la linea!

10 prugne secche denocciolate • 2 pere • 1 bicchierino di Marsala • 100 ml di latte • 2 uova • 100 g di zucchero • 70 ml di olio • 180 g di farina • ½ bustina di lievito per dolci • sale

Tagliare le prugne secche a pezzetti e lasciarle in ammollo in latte e Marsala. Sbattere con le fruste le uova con lo zucchero e aggiungere l'olio e il liquido in cui macerano le prugne (latte e Marsala). Unire anche la farina, il lievito e il sale e mescolare ancora. Infarinare le prugne e aggiungerle al composto. Foderare con carta da forno una forma da plum-cake e versarvi il tutto. Sbucciare, tagliare le pere a fettine e infilarle fino in fondo nell'impasto. Infornare a 180° per almeno 40 minuti.

TORTA SOFFICE RICOTTA E CIOCCOLATO

Quando faccio questa torta mi sembra di entrare in una pubblicità! La scena è proprio così: i bambini felici intorno alla tavola con in mano questa fettona di torta al cioccolato altissima e sofficissima, dal gusto davvero semplice e quindi gradito a tutti. La ricotta poi rende il tutto più umido e delicato.

300 g di ricotta • 200 g di zucchero • 3 uova • 200 g di farina • 1 bustina di lievito per dolci • 2 cucchiai di cacao amaro • 150 g di gocce di cioccolato (va bene anche una tavoletta di cioccolato fondente tagliato a pezzettini)

Mescolare la ricotta con lo zucchero, aggiungere le uova e poi la farina e il lievito. Amalgamare bene tutti gli ingredienti, poi aggiungere il cacao e le gocce di cioccolato. Foderare una tortiera di carta da forno, versare l'impasto e cuocere in forno a 180° per 30 minuti.

BISCOTTI DA PUCCIARE

Questi biscotti bevono letteralmente il latte! Sono quindi perfetti da intingere, o meglio da pucciare a colazione, anche nel tè. Il problema con i biscotti, però, è che quando li cuocio spesso si bruciano sotto senza cuocersi bene sopra. Dunque ho adottato questo stratagemma furbissimo che ha risolto il problema. Appoggio sulla placca del forno la griglia, la fodero di carta da forno e vi sistemo sopra i biscotti in modo che siano staccati di qualche centimetro dal metallo della placca. In questo modo vengono perfetti! Se non avete una griglia, potete prendere un foglio di carta da forno un po' grande, lo accartocciate, lo appoggiate sulla placca e sopra ci stendete un altro foglio di

MUFFIN SUPER CIOCCOLATO P. 266

carta da forno, in questo modo quella accartocciata creerà uno spessore tra placca e biscotto e il risultato sarà lo stesso.

Per 6 persone: 200 g di burro • 200 g di zucchero • 1 uovo e 1 tuorlo • 450 g di farina 00 • 100 g di maizena (o frumina, o fecola di patate o farina di riso) • 1 cucchiaino di lievito per dolci • 1 bustina di vanillina • 1 presa di sale • 40 ml di panna

Mescolare il burro ammorbidito con lo zucchero, aggiungere le uova, la panna e poi le farine miscelate insieme a lievito, vanillina e sale. Impastare con le mani fino a ottenere un bel panetto omogeneo, quindi lasciarlo in frigorifero a riposare finché non si sarà indurito. Stenderlo con il mattarello tra 2 fogli di carta da forno creando una sfoglia alta un cm. Con gli stampini creare i biscotti e metterli sulla placca foderata con carta da forno e cuocere a 180° per 10-15 minuti.

CIOCCOLATA CALDA SUPER

D'inverno tengo sempre una bella scorta di cioccolata calda in bustina pronta per ogni evenienza! Un pomeriggio però avevo un sacco di amichette delle mie bambine per casa e in dispensa nessuna bustina... un vero disastro. Allora mi sono ricordata che mia sorella Cristina prepara un'ottima cioccolata usando solo un cucchiaino di farina e un po' di cacao e così l'ho chiamata. Sulle dosi la Cri è un po' approssimativa, lo ammetto, ma le sue ricette sono sempre infallibili!

Per 4 persone: 5 cucchiai di cacao amaro • 2 cucchiai di farina • 3 cucchiai di zucchero • 500 ml di latte. *Per guarnire:* Nutella • granella di nocciole • panna montata • cannella • peperoncino in polvere

Mescolare in un pentolino il cacao, la farina e lo zucchero. Unire il latte e mettere sul fuoco, mescolare a fuoco dolce fino a che la cioccolata non arriva a bollore, mescolare ancora e cuocere finché non raggiungerà la consistenza desiderata. Nella tazza in cui andrà presentata la cioccolata, spalmare una cucchiaiata di Nutella (su tutta la superficie interna) e spolverizzare tutto con la granella di nocciola. Versare la cioccolata calda e completare con altra granella di nocciola, oppure con panna montata e cannella. Per i "più grandi" si può anche osare un po', aggiungendo un pizzico di peperoncino!

TORTA AL CIOCCOLATO CON PINOLI E NOCCIOLE

Cioccolato, frutta secca e ricotta sono un mix delizioso! Niente farina per questa torta umida e speziata perfetta da servire anche ai "grandi" tra una chiacchiera e l'altra, accompagnata da un tè o un caffè.

500 g di ricotta • 4 uova • 230 g di zucchero • 150 g di nocciole • 150 g di pinoli • farina • 250 g di cioccolato • 1 bustina di vanillina • ½ cucchiaino di cannella • ½ cucchiaino di zenzero in polvere

Lavorare la ricotta con i tuorli e lo zucchero. Tritare pinoli e nocciole insieme, unire un cucchiaio di farina e incorporare tutto alla crema di ricotta, poi aggiungere anche la vanillina, lo zenzero e la cannella. Fondere il cioccolato a bagnomaria (cioè in un tegamino immerso in un tegame più grande pieno di acqua bollente) e versarlo nel composto. Montare gli albumi a neve ferma e incorporare delicatamente al resto degli ingredienti. Versare il tutto in uno stampo foderato di carta da forno e cuocere a 180° per circa un'ora. Lasciare intiepidire prima di togliere dalla tortiera.

CIAMBELLA ALLE MELE DI FRANCI

Ho un debole per le ciambelle: fanno allegria, sono una colazione e una merenda sane e secondo me portano anche un po' di fortuna. Questa della Franci poi è una ciambella speciale perché è piena zeppa di mele, morbidissima, umida e delicata. Quest'anno l'ho portata al mercatino della scuola e l'ha comprata niente meno che la maestra di Matilde... una bella responsabilità, ma l'esame, quello della torta per lo meno, lo abbiamo superato alla grande!

300 g di farina • 250 g di zucchero • 2 uova • 250 ml di yogurt bianco • 5 mele • ½ bustina di lievito per dolci • 100 ml di olio di oliva • sale. *Per guarnire:* granella di zucchero

Sbattere le uova con lo zucchero. Aggiungere lo yogurt e l'olio e mescolare ancora vigorosamente (con le fruste elettriche è più facile!). Unire infine la farina, il lievito e un pizzico di sale. Sbucciare le mele, tagliarle a pezzetti piccoli e infarinarle abbondantemente: basta metterle in una ciotola, aggiungere qualche cucchiaio di farina e mescolare con le mani. Una volta che le mele sono ben infarinate, unirle all'impasto. Imburrare e infarinare una forma da ciambella, versare l'impasto e ricoprire con tanta granella di zucchero. Cuocere in forno a 180 ° per 40-45 minuti.

MUFFIN SUPER CIOCCOLATO

Quando so che la mattina ad aspettarmi ci sono i muffin super cioccolato, la sveglia sembra persino più simpatica. Pucciati nel latte sono davvero deliziosi! Mi raccomando: conservateli chiusi nella pellicola o sotto una campana di vetro, altrimenti diventano un po' secchi.

Per 6 persone: 300 g di farina • ½ bustina di lievito • 150 g di zucchero • 3 cucchiai di cacao amaro • 100 g di burro • 200 g di cioccolato fondente • 1 yogurt bianco • 2 uova

Far sciogliere 100 g di cioccolato fondente con il burro sul fuoco molto dolce. Fare raffreddare un pochino, trasferire in una ciotola e aggiungere lo yogurt e le uova. In un'altra ciotola mescolare la farina, il cacao, lo zucchero e il lievito poi unire anche la crema di cioccolato e yogurt e mescolare molto brevemente. Il composto deve rimanere un po' grumoso. In ultimo, sminuzzare i restanti 100 g di cioccolato, aggiungerli e dare un'altra mescolata veloce. Imburrare e infarinare le formine da muffin e riempirle poco più della metà. Infornare e cuocere a 180° per circa 20 minuti.

TORTA ZEBRATA

Questa torta è un vero portento, non solo perché è veramente buona, soffice e gustosa, ma anche perché è un piacere da guardare! Il piccolo trucchetto di alternare 3 cucchiaiate di crema bianca e poi 3 cucchiaiate di crema al cioccolato nella tortiera regala un'effetto optical che mette ancora più appetito. Un grosso grazie ad Alessia che segue sempre la mia rubrica e che mi ha regalato negli anni delle idee davvero furbissime, tutte rigorosamente via mail... chissà se prima o poi ci incontreremo!

4 uova • 250 g di zucchero • 250 ml di latte • 200 ml di olio di semi • 1 bustina di vanillina • 1 bustina di lievito per dolci • 300 g di farina • 2 cucchiai colmi di cacao zuccherato

Sbattere le uova con lo zucchero in modo da ottenere un bel composto chiaro e spumoso. Io uso le fruste elettriche. In-

TORTA ZEBRATA P. 267

corporare sia l'olio che il latte, sempre continuando a mescolare energicamente. In un'altra ciotola, amalgamare la farina con il lievito e la vanillina e poi incorporare all'impasto continuando a sbattere finché il composto non sarà liscio e un po' più denso di una pastella. A questo punto dividere l'impasto in 2 ciotole e aggiungere il cioccolato soltanto in una. Per ottenere l'effetto zebrato, foderare una tortiera rotonda con la carta da forno, al centro versare 3 cucchiai di impasto bianco, poi, sempre al centro, altri 3 di impasto nero, poi di nuovo quello bianco e ancora quello nero e così via fino all'esaurimento degli ingredienti. Cuocere in forno a 180° per 40 minuti.

DOLCETTI BURROSI ALLA BANANA

Immaginate di dovervi svegliare la mattina presto ma di sapere che in cucina ad aspettarvi ci sono delle piccole tortine morbidissime che nascondono al loro interno un cuore morbido fatto di dolcissima banana. Vedrete che la sveglia non sarà più così odiosa!

Per 6 persone: 2 banane • 70 g di burro • 70 g di farina • 50 ml di latte • ½ bustina di lievito • 1 uovo • 70 g di burro • 50 g di zucchero

Sbattere l'uovo con lo zucchero fino a che non diventerà bianco e spumoso (io uso le fruste elettriche). Aggiungere il burro e poi il latte e continuare a mescolare. Unire anche la farina già unita al lievito e sbattere ancora fino ad avere un impasto omogeneo. Tagliare una banana e mezza a tocchetti piccoli, infarinarla leggermente e unirla delicatamente all'impasto. Infarinare e imburrare delle formine da muffin (io uso quelle di silicone che non hanno bisogno di essere unte) e riempirle per metà con l'impasto. Tagliare a rondelle la mezza banana rimasta e infilarne una in ogni formina proprio nel centro, in modo che sprofondi nell'impasto. In questo modo i vostri dolcetti avranno un cuore morbido e burroso di banana! Cuocere in forno a 180° per 20 minuti.

LATTE AL CARAMELLO

Ecco una valida alternativa alla cioccolata calda, che si può servire, leggermente tiepida, anche nella bella stagione. Occhio al caramello però! Non so perché, ma io ogni volta che lo preparo, per quanta attenzione ci metta, riesco sempre a bruciarmi le dita...

Per 2 persone: 250 ml di latte fresco intero • 2 cucchiai di zucchero

Scaldare il latte, versarlo in 2 bicchieri alti e tenerli, coperti, vicino al fornello. Mettere in un pentolino 2 cucchiai d'acqua e lo zucchero e cuocere finché questo non sarà color ambra intenso. Appena il caramello sarà pronto spegnere il fuoco, aspettare qualche secondo che smetta di bollire, quindi, con molta attenzione, versarlo nei bicchieri con il latte caldo; all'inizio sfrigolerà un po', ma subito dopo andrà a fondo e inizierà a sciogliersi nel latte. Dare una bella mescolata per finire di sciogliere il caramello e servire.

BISCOTTI AL MUESLI

Questi biscotti sono stati una vera rivelazione... non voglio dire che siano proprio come i cookies americani, ma ci vanno molto vicini. Tutto sta nel comprare un buon muesli "scroc-

chierello" e pieno zeppo di cioccolato. Un consiglio: serviteli con il latte al caramello della ricetta sopra. Una merenda da urlo!

Per 6 persone: 300 g di farina 00 (se volete potete usare anche quella integrale) • 300 g di muesli al cioccolato • 180 g di zucchero di canna • vanillina • ½ bustina di lievito per dolci • 160 g di burro • 2 cucchiai di miele • 2 uova

Sbattere le uova con lo zucchero, aggiungere il burro sciolto e il miele. Unire a questa crema il muesli e schiacciarlo bene con un cucchiaio in modo che i fiocchi troppo grossi si rompano. Mescolare la farina con il lievito e un pizzico di vanillina e unire al composto. Lavorarlo con le mani per amalgamare tutti gli ingredienti, poi lasciare riposare per 15-20 minuti finché l'impasto non si sarà indurito. A questo punto fare delle palline un po' schiacciate e distribuirle su una placca foderata di carta da forno. Cuocere a 180° per 10 minuti.

TORTA BRASILIANA

Questa è una strana torta: senza burro, senza olio e senza uova. Ha una consistenza sofficissima, leggera come una piuma, e un sapore fondente. Sfido io, con tanto cioccolato e tanto caffè insieme! Se siete appassionati di dolci burrosi e sostanziosi... questa non è sicuramente la vostra torta. Se invece volete fare colazione con gusto ma senza sensi di colpa... avete scelto bene!

200 g di farina • 100 g di cacao amaro in polvere • 240 g di zucchero • 1 bustina di lievito per dolci • 2 cucchiai colmi di caffè solubile • 300 ml di latte • sale

Miscelare insieme in una ciotola la farina, il cacao, il lievito, lo zucchero, un pizzico di sale e un cucchiaio di caffè solubile. Scaldare leggermente il latte e unirlo alla farina mescolando fino a ottenere una crema omogenea. Versarla nella tortiera foderata di carta da forno e spolverizzare la superficie con l'altro cucchiaio di caffè. Cuocere in forno a 180° per circa 20 minuti.

PANE AL CIOCCOLATO

La soddisfazione di sfornare il pane fatto in casa è davvero enorme, per non parlare del profumo che si diffonde per tutta la casa! Queste pagnottine farcite di pezzi di cioccolato sono una merenda deliziosa e nutriente. Se dimezzate la dose di zucchero, potete anche mescolarle nel cestino del pane per cena: farete un figurone!

Per 6 persone: 60 ml di olio • 50 g di burro • 4 cucchiai di zucchero • 1 cubetto di lievito di birra (25 g) • 1 bicchiere di latte (circa 100 ml) • 1 uovo • 1 presa di sale • 500 g di farina 0 • 75 g di gocce di cioccolato (oppure cioccolato fondente tritato con il coltello)

Sbattere l'uovo con lo zucchero, aggiungere il burro sciolto, l'olio e il latte. In un'altra ciotola versare la farina, sbriciolarvi dentro il lievito, unire il sale e praticare un buco al centro. Versare il composto di uova e incominciare a mescolare con un cucchiaio, poi passare a impastare con le mani. Se necessario, aggiungere ancora un po' di latte. Trasferire l'impasto su un piano e con l'aiuto di un po' di farina lavorare il panetto per 10 minuti. A questo punto mettere il cioccolato tritato sul piano di lavoro, schiacciarci sopra l'impasto e inglobarlo nel panetto lavorandolo il più brevemente possibile, per-

YO-YO FARCITI P. 274

ché il cioccolato tende a sciogliersi facilmente. Dividere in 12 pagnottine e lasciarle riposare su una placca foderata di carta da forno per circa un'ora e mezza coperte da un canovaccio. Passare in forno ventilato a 180° per 15 minuti.

YO-YO FARCITI

Questa è una signora merenda! Leggera, gustosa e divertente. Gli yo-yo sono dei dischi di pan di Spagna sofficissimi che si possono farcire con quello che i bambini amano di più, cioccolato, marmellata, miele, ricotta e zucchero, poi decorati con strisce di cioccolato. Io li sigillo bene nella pellicola e li metto spesso nella cartella delle bambine per lo spuntino della scuola, nella speranza che nessun librone di grammatica ci finisca sopra distruggendo tutto il mio lavoro!

Per 6 persone: 90 g di farina • 90 g di zucchero • 3 uova • ½ bustina di lievito per dolci • 1 bustina di vanillina • 70 g di cioccolato fondente. *Per farcire:* 1 vasetto di marmellata a piacere o di Nutella

Sbattere bene le uova con lo zucchero fino a ottenere un composto bianco e spumoso. Mescolare la farina con il lievito e la vanillina e unire al composto. Su una placca foderata di carta da forno versare 2 cucchiaiate di impasto per volta in modo da formare dei cerchi. Farli cuocere a 180° per 10 minuti e sfornare. Se sono irregolari, rifinire i bordi con un bicchiere rovesciato a mo' di formina, in modo da avere dei cerchi perfetti. Farcire ogni metà con una cucchiaiata di marmellata o di Nutella e chiudere gli yo-yo come un panino. Sciogliere a bagnomaria il cioccolato (immergendo il pentolino in un altro più grande pieno di acqua bollente). Una volta ottenuta una crema abbastanza liquida, intingervi la punta di un coltello come se fosse un pennello e disegnare delle righe sulla superficie dello yo-yo. Lasciare raffreddare e servire. Se si vuole fare prima, si possono semplicemente spolverizzare gli yo-yo con lo zucchero a velo.

PLUM-CAKE AL MUESLI

La comodità di usare il muesli per la preparazione di una torta è che si guadagnano in un colpo solo un mix di ingredienti golosissimi che altrimenti bisognerebbe aggiungere uno a uno (uvetta, banane, cocco, mirtilli, mele, nocciole, cioccolato...) e una consistenza "scrocchierella" che rende irresistibile sia una ciotola di latte sia una fetta di plum-cake.

200 g di muesli alla frutta • 150 g di panna fresca • 1 uovo • 2 cucchiaini di lievito per dolci • 150 g di farina • 50 g di zucchero

Fare ammorbidire il muesli in una ciotola con la panna per qualche minuto. Con il cucchiaio schiacciarlo per bene in modo che i fiocchi di avena e la frutta secca si dividano e si sgranino in piccoli pezzi. Aggiungere l'uovo e lo zucchero e mescolare bene. Unire la farina e il lievito mescolando in modo da ottenere un impasto plastico. Trasferire il tutto nella forma da plum-cake foderata di carta da forno e cuocere a 180° per 30 minuti.

RINGRAZIAMENTI

Quanti cambiamenti quest'anno, quante persone da ringraziare con cui ho condiviso nuove avventure. Al primo posto, però, c'è sempre la mia famiglia. Sono loro, infatti, che mi sostengono tutti i giorni, che sopportano i miei esperimenti, che mangiano di buon grado la polenta ad agosto e il gaspacho a Natale, solo perché devo perfezionare le dosi delle mie ricette! Grazie, dunque, ai miei bambini. A Matilde che ha condiviso con me le notti al lavoro davanti al computer, a Eleonora che quando cucino è sempre accanto a me pronta ad aiutarmi e a Dieghino che vuole assaggiare tutto e poi non mangia niente. Grazie a Fabio che dopo tre anni di riprese in casa finalmente si potrà riappropriare del suo "territorio". Grazie a tutte le mie carissime e preziosissime amiche che mi regalano tante risate, ricette e consigli, Rosa Prinzivalli e Francesca La Torre in testa, Cristina Pistocchi, Antonia Maiello e Loredana Noto... il trio inossidabile della colazione. Grazie con tutto il cuore a mia madre Laura su cui posso sempre contare e a mio padre Tuccio che con oculatezza vigila su tutto quello che non riguarda la cucina... grazie all'insostituibile Marco Miana che mi segue in questa avventura fin dai primi passi, grazie alla nuova squadra di Rizzoli con cui ho lavorato splendidamente fin dal primo giorno: alla mia editor nonché consulente di letture Rossella Biancardi e a Marina Mercuriali che ho tormentato per tutte le vacanze estive. Grazie all'ospitalità dell'ufficio del Comune di Carpeneto sulle splendide colline del Monferrato dove, in mancanza di wi-fi e banda larga, mi sono rifugiata per mandare e ricevere mail e bozze fondamentali per la stesura del libro. Grazie a Mauro Vismara e Matteo Santarelli con cui ho condiviso tanto lavoro faticoso ma anche tante scorpacciate! Grazie infine a tutti gli appassionati di cucina che, con grande generosità, mi mandano le loro ricette migliori: il loro supporto e il loro affetto sono per me il successo più grande.

Benedetta

INDICE DEGLI INGREDIENTI E DELLE PREPARAZIONI

INDICE DELLE PORTATE

ANTIPASTI E PIATTINI

PRIMI PIATTI,

SECONDI PIATTI,

CONTORNI,

INSALATE

DESSERT

DOLCI DA MERENDA E COLAZIONE